올해는 당신의
기적 이야기를 듣고 싶습니다.

..............................님께

당신의 인생 전부를 바꿔줄
이 책을 드립니다.

..............................드림

부의 법칙

부의 법칙
The Rich Rule

캐서린 폰더 지음 | 남문희 옮김

국일미디어

부의 법칙

초판 1쇄 발행 · 2003년 2월 10일
개정 1판 1쇄 발행 · 2018년 4월 19일
개정 1판 8쇄 발행 · 2023년 9월 15일

지은이 · 캐서린 폰더
옮긴이 · 남문희
펴낸이 · 이종문(李從聞)
펴낸곳 · ㈜국일미디어

등 록 · 제406-2005-000025호
주 소 · 경기도 파주시 광인사길 121 파주출판문화정보산업단지(문발동)
영업부 · Tel 031)955-6050 | Fax 031)955-6051
편집부 · Tel 031)955-6070 | Fax 031)955-6071

평생전화번호 · 0502-237-9101~3

홈페이지 · www.ekugil.com
블 로 그 · blog.naver.com/kugilmedia
페이스북 · www.facebook.com/kugilmedia
E - mail · kugil@ekugil.com

• 값은 표지 뒷면에 표기되어 있습니다.
• 잘못된 책은 바꾸어 드립니다.

ISBN 978-89-7425-643-2 (03320)

CONTENTS

1부

BASIC PROPERTY LAWS

당신을 부자로 만들어주는 부의 법칙

1부

BASIC PROPERTY LAWS

당신을 부자로 만들어주는 부의 법칙

CONTENTS

2부

BASIC PROPERTY LAWS

당신을 부자로 만들어주는 또다른 부의 법칙

CONTENTS

2부

BASIC PROPERTY LAWS

당신을 부자로 만들어주는 또다른 부의 법칙

CONTENTS

1부

B A S I C   P R O P E R I T Y   L A W S

당신을 부자로 만들어주는 부의 법칙

T H A T   C A N   B R I N G   R I C H E S   T O   Y O U

| 1부 들어가는 말 |

『부의 법칙(*The Dynamic Laws of Prosperity*)』은 오랜 경기 침체와 궁핍 속에서 탄생한 책이다. 세상에 불황과 가난을 달가워할 사람은 아무도 없을 것이고, 물론 그래서도 안 되겠지만, 그 가혹한 시련을 극복하고 나는 부의 기본 법칙이 고스란히 담긴 이 책을 드디어 완성해낼 수 있었다.

15년간 나는 이런 종류의 책을 찾아보려고 무진 애를 썼다. 그동안 성공에 관한 다양한 아이디어를 담은 책들을 숱하게 만날 수 있었지만, 성공을 보장하는 간단하면서도 분명한 원리가 담긴 책은 찾을 수가 없었다.

첫 남편과 사별하고 어린 아들과 단 둘만 남게 된 후부터 그런 책을 찾기 시작했다. 직업 훈련을 받아본 적이 없고 다른 생계 수단도 없었기 때문에 어떻게 하면 부를 누릴 수 있는지 정확하게 일러주는 '안내서'가 간절히 필요했던 것이다.

한동안 우울증과 질병, 외로움, 경제적 궁핍으로 인해 완전히 좌절하며 지내기도 했다. 온 세상이 내게서 등을 돌리고, 내가 하는 일은 모두 다 잘못되는 것만 같았다.

그러나 아들을 책임진 몸으로, 자포자기한 채 인생을 망칠 수는 없었다. 아들과 나 자신을 위해서 나는 반드시 성공해야만 했다.

감정적으로나 신체적, 금전적으로 최악의 상황에 빠져 있던 무렵, 마침내 성공과 실패를 판가름하는 결정적인 수단, 즉 생각의 위력을 배우게 되었다. 생각은 제대로 사용하기만 하면 건강과 행복, 부, 성공을 열어주는 만능 열쇠가 될 수 있음을 드디어 깨닫게 된 것이다.

이 놀라운 성공의 비결을 파악하자마자 행운의 여신은 내게 미소를 짓기 시작했다!

부의 사고 습관이 탄생하다

긍정적 사고방식의 효력에 대해서는 많이 들어보았을 것이다. 그 진리가 나의 오랜 연구와 경험을 바탕으로 하여 '부의 사고 습관'으로 재탄생하게 되었다. '부'라는 말은 '번창하고 성공하며, 가장 만족스러운 성과를 거둔다'는 뜻이다.

부의 사고 습관을 실천할 때, 더 나은 건강, 더 만족한 삶, 더 많은 경제적 성공 등 원하는 모든 꿈을 실현할 수 있는 엄청난 위력을 발휘하게 된다.

『부의 법칙』을 통해, 부의 사고 습관이 그러한 놀라운 결과를 향해 어떻게 작용하는지 분명히 알 수 있을 것이다. 나아가 부의 사고 습관이 바로 당신을 위해서 똑같은 작용을 할 수 있음도 알게 될 것이다.

이 책을 읽는 동안 자신도 모르는 사이에 부의 사고 습관을 실천하고 발전시킴으로써 풍성한 결실을 수확하게 될 것이다.

부의 법칙을 적용하여 성공을 거둔 사람들

목사가 되어 처음 일을 시작한 해는 2차 세계대전 이후 가장 심각한 경제 불황이 닥쳤던 때였다. 교회 임직원들이 그 어려운 시기에 살아남을 수 있는 방법을 주제로 강연을 해보자고 제안했다. 이 책에서 소개하는 부의 법칙이 형태를 갖추기 시작한 것도 바로 그 무렵이다.

마침내 부에 관해 강연을 시작하자, 그 기본 원리들은 갖가지 유형의 사람들에게 분명한 효과를 보이기 시작했다. 그 성과를 일일이 기록하자면 그야말로 숨이 가쁠 정도이다.

강연을 시작한 첫 주에 비서로 일하던 두 사람의 봉급이 인상되었고, 그 중 한 사람은 승진과 새로운 직함까지 얻었다. 어떤 증권 중개인은 동료들이 불황 속에서 전전긍긍하고 있을 때 희망하던 목표 이상의 실적을 올렸다. 의도적으로 부의 사고 습관을 적용한 지 한 달 만에 그는 평소보다 네 배나 많은 수입을 올렸다고 한다.

고객 몇 사람이 실직하는 바람에 고전을 면치 못하고 있던 변호사는, 부의 사고 습관을 매일 실천함으로써 불황기에 오히려 성황을 누리게 되었다.

대형 백화점에서 판매원으로 일하던 어떤 여성은 동료들이 불경기를 탓하고 있을 때, 의도적으로 부에 대해서만 생각하는 습관을 들였다.

결국 그녀는 1백여 명의 판매원들 중에 유일하게 기준 실적을 초과하여 상당액의 보너스를 받는 사람이 되었다. 반면 다른 판매원들은 불평만 늘어놓으며 기회를 날려버리고 있었다.

어느 전화 회사 직원은 입사할 때 약속받은 것보다 몇 달 더 빨리 봉급이 인상되었다. 150만 달러 정도의 공사를 수주하던 어느 건설 회사 사장은 1억 5천만 달러짜리 건설 공사를 맡게 되었다.

여기에 밝힌 보기들은 부의 사고 습관을 적용해서 거둔 아주 작은 사례에 불과하다. 성공 사례는 지금도 세계 전역에서 계속되고 있으며 이 책을 통해서도 자세히 안내될 것이다.

의욕과 건강을 되찾는다

부의 사고 습관을 적용해 경제적인 성과만을 거두는 것이 아니다. 그 이상의 성과도 있다.

매주 부의 사고 습관에 관한 강좌를 열면서, 나는 참가한 사람들의 얼굴이 달라지고 있음을 느낄 수 있었다. 표정이 환하게 밝아지고 이전에는 볼 수 없었던 안정감과 자신감도 드러나 있었다. 우울하고 실의에 빠진 패자의 표정이 성공과 만족의 표정으로 바뀌어갔던 것이다. 참으로 놀라운 변화였다!

그리고 많은 사람들이 정신적으로나 신체적으로 건강을 되찾았다. 어떤 사업가는 심장이 매우 나빠서 평생 조심하며 살아야 했는데, 부의 사고 습관을 적용하자 몸과 마음이 점점 더 안정을 찾고 긴장이 사라졌다고 고백했다.

담당 의사도 그의 심장 질환이 치유되었다고 진단했다. 몇 년 뒤 다시 만났을 때는 더욱 활기차고 만족스럽게 생활하고 있음을 알 수 있었다.

부의 사고 습관을 실천하면 정신적으로 예민한 사람들도 안정감과 마음의 평화를 얻을 수 있다.

어떤 가정주부는 몸에 극심한 통증을 느끼고 의사들을 찾아다녔지만 별 이상이 없다는 진단만 받아야 했다.

그런 그녀도 의도적으로 부의 사고 습관을 실천하면서 남편을 포함한 주변 사람들을 애정을 담아서 바라볼 수 있게 되었다.

그러자 몇 년 동안 잊고 있었던 아내의 애정을 확인한 남편이 만족감과 자신감을 되찾았다.

그러한 마음은 남편의 일터에서 실적 향상으로 반영되었다. 일이 잘되니까 가정 생활에도 더욱 만족을 느낄 수 있었다.

아내도 건강이 좋아져서 몇 년은 더 젊어 보일 정도가 되었다. 삶에 행복과 만족이 찾아들자 그토록 그녀를 괴롭히던 고통도 말끔하게 사라졌다.

인생 전부가 바뀔 수 있다

외롭고 불행했던 한 여성은 자살까지 생각하고 있었다. 그러던 그녀가 부의 원리에 집중하고 난 이후, 자신 이외의 세상에 대해서도 관심을 갖기 시작했다. 그러한 자세는 더욱 만족스럽고 균형 잡힌 생활로 이어졌고 자살에 대한 충동도 사라졌다.

어떤 가정주부는 몰래 한두 잔씩 술을 마시곤 하던 습관이 어느새 심각한 알코올 중독으로 발전했다. 그러다가 부의 사고 습관을 실천하면서 새로운 희망을 찾게 되었다. 음주벽이 극복될 수 있다는 것을 깨달았기 때문이다.

그렇게 삶에 대해 기대와 믿음을 갖자, 분노와 온갖 갈등이 사라지기 시작하고 술 마시는 횟수도 점점 줄어들었다.

부의 원리를 적용한 후, 위기에 빠졌던 결혼생활이 회복된 사례도 많았다. 이혼한 배우자가 돌아와 재혼한 커플이 있는가 하면, 남편과 사별하고 20년이나 홀로 지내던 부인이 재혼한 경우도 있었다.

자기 일에 늘 권태를 느끼던 어떤 사람은 부의 사고 습관을 적용한 이후 직업에 대한 새로운 전망과 시각을 회복하게 되었다.

강좌를 통해 이처럼 많은 사람들이 다양한 성공을 거둘 수 있었는데, 그 중 몇몇 사람들은 내게 직접적인 도움을 주기도 했다.

어떤 사업가는 책이 무사히 인쇄되어 나오기를 함께 기도해주었고, 어떤 중개인은 책에 이름을 붙여주었고, 또 어떤 홍보 전문가는 책을 출판할 출판사를 소개해주기도 했다. 이렇게 해서 마침내 『부의 법칙』은 무사히 독자 앞에 선을 보이게 되었다.

부의 법칙

1 부에 관한 고정관념을 깨라

부자가 되고 싶은 욕망은 잘못된 것이 아니다. 인간으로서 당연히 품어야 하는 욕망이다. 이것이 바로 부에 대한 놀라운 진실이다!

러셀 H. 콘웰은 '다이아몬드 밭'이라 불리는 유명한 설교에서 이렇게 역설한 바 있다.

나는 여러분께 마땅히 부자가 되어야 한다고 말합니다. 우리에게는 가난해질 권리가 없습니다. 부유하게 살지 못하고 있습니까? 그렇다면 다른 어떤 불행보다 두 배로 불행한 것입니다. 풍족한 삶으로 우리를 데려다줄 확실한 방법이 우리 눈앞에 분명히 존재하고 있기 때문입니다.

여기서 부자라는 표현은, 물질적인 풍족은 물론 정신적으로 충만한 만족을 누리는 삶을 뜻한다. 건강과 행복 그리고 여유, 이 목표에 가장 빨리 도달할 수 있는 방법은 분명히 존재한다.

그리고 부에 대한 놀라운 진실을 한 가지 더 추가하자면, 그 목표에 도달하는 길 역시 생각보다 쉽다는 것이다.

우리는 부를 열망해야 한다

지금껏 살면서 경험한 가장 큰 충격은 부와 성공에 대해 강의를 시작할 무렵에 겪은 일이었다. 강연에 참석한 많은 사람들이 부와 부에 대한 열망이 과연 옳은 것인지 판단하지 못해 오랜 고민에 빠져 있음을 깨달았던 것이다.

물론 그들은 모두 부자가 되고 싶어했다. 사실 그것은

세상 사람들 대부분이 꿈꾸는 것이기도 하다.

그러나 과연 그래도 되는지, 특히 종교적인 입장에서 대부분의 사업가들은 부자가 되고 싶다는 감정에 죄의식을 느끼고 있었다. 부자가 되기 위해 매일 열심히 뛰고 있으면서도 부가 미덕인지 악덕인지 판가름하지 못하고 있었던 것이다.

그러한 고민이 깊어지면 실생활에까지 악영향을 미쳐 성공에 대한 열의마저 수그러들게 만든다. 그날이 그날처럼 되는 대로 살아가도록 속박해버리는 것이다.

사실 성공한 사람들 중에서도 많은 수가, 과연 종교적인 면에서도 부가 축복이라 할 수 있는지 상당한 갈등을 느끼고 있다.

그러니 '부(富)는 곧 축복'이라는 확신만 얻게 된다면 얼마나 속이 시원해지겠는가!

가난은 죄다

다시 한 번 말하지만, 부에 대한 놀라운 진실은 부자가 되고 싶은 욕망은 잘못된 것이 아니라 참으로 마땅한 생각이라는 것이다.

당신이 현재 가난하게 살고 있다면 분명히 만족감을

느끼기 어려울 것이다. 그러므로 가난해질 필요가 없다. 가난은 신이 인간을 위해 무한하게 베풀어놓은 자원 앞에서 스스로 등을 돌림으로써 저주를 받는, 일종의 '지옥'이다. 또한 가난은 불편하고 자존심 상하는 경험이기도 하다.

가난은 도둑과 살인자들이 득실대는 감옥이다. 가난은 세상의 남녀들을 음주와 매춘, 마약 중독, 자살에 이르도록 몰아댄다. 총명한 두뇌와 무한한 재능이 잠재된 아이들을 비행과 범죄로 몰아넣는다.

지극히 평범한 사람마저, 결코 꿈도 꾸지 않았을 행위를 저지르게 만드는 게 바로 가난이다.

공산주의가 발호한 시점은 대부분 가난이 극심한 지경에 이르렀을 때이다.

가난이 몰고 오는 죄악은 이 밖에도 얼마든지 많다. 그래서 목사인 나는, 많은 사람들이 자기 인생에서 가난을 뿌리 뽑을 수 있게 도와야겠다는 결심을 더욱 굳건히 할 수밖에 없는 것이다.

알고 지내는 한 의사는, 인류가 겪는 모든 질병 중 열에 아홉은 곤궁과 궁핍, 가난이 그 원인이라고 말하고 있다.

그러니 가난이 미덕이라는 생각은 이제 그만두기로 하자. 물질 만능주의와 가난은 세상에 만연된 악덕의 공범이다. 금전적인 궁핍 속에서 생활하고 있다면 문자 그대로 악덕 속에서 생활하고 있는 것이다. 이것 또한 부에 대한 놀라운 진실이라고 할 수 있다. 언제까지고 금전적인 악덕 속에 빠져 생활할 필요는 없다. 빠져나갈 방법은 분명히 있다.

생각이 성공을 만든다

생각은 현재의 우리를 만들었으며 앞으로의 우리도 만들 수 있다. 이것이 부에 대한 또 하나의 놀라운 진실이다.

즉 성공의 동반자로서 반드시 부자가 될 수 있다는 생각을 의도적으로 하기 시작하면, 그 어떤 사람도 그 어떤 환경도 신이 준비해놓은 부와 성공을 빼앗아가지 못한다.

부자가 되고 싶은 욕망은 잘못된 게 아니라 마땅하고도 옳은 생각이며, 신은 나를 위해 풍성한 우주를 마련해놓았고 내가 그것을 누리기를 원한다는 믿음, 그것이 바로 부를 이루기 위해 꼭 필요한 마음가짐이다. 그러므로 생각이 성공을 만든다는 사실은, 우리가 반드시 기억해야 할 진리이다.

부의 법칙

2 부의 원리를 적용하라

나는 힘겨운 과정을 거치고 나서야 부의 원리가 무엇인지 깨달을 수 있었다. 그 결과 이렇게 독자들 앞에서 당당히 그 법칙에 대해 이야기할 수 있게 되었다.

수십 년 전 인생이란 내게 절망 그 자체로 보였다. 젖먹이 아들이 딸린 과부였던 나는 직업 교육을 받은 적도 없던 터라 생계 대책이 막막한 상태였다. 친정 쪽도 재정적인 지원을 해줄 형편은 아니었다. 누구든지 그 당시의 나를 보았다면 틀림없이 이렇게 말했을 것이다.

"부의 마음가짐이 뭐고 간에, 저 여자는 틀렸어. 전혀 가망이 없어 보이는 걸."

이 비참한 시기에 나는 성공과 실패를 가름하는 열쇠로서 '생각'의 위력을 깨달았다. 그때까지의 내 모든 실패는 대부분 실패에 대한 생각 때문에 일어났음을 알았다. 바로 그 생각의 힘을 올바로 적용할 때 비로소 건강과 행복, 성공적인 인생이 내 손안에 들어오게 돼 있다.

철학자 제임스 앨런은 다음과 같이 주장했다.

> 사람이 생각할 줄 안다는 것, 그것은 곧 자기가 원하는 대로 자신을 만들어갈 수 있는 변화와 재생의 기능을 자기 안에 품고 있다는 뜻이 된다.

이 간단하면서도 위력적인 성공의 비밀을 이해하고 실제 삶에 적용하자, 물결이 뒤바뀌듯 행운의 배는 내 쪽으로 다가오기 시작했다.

나를 위한 성공의 길이 드디어 열린 것이다! 나는 비즈니스 스쿨에 입학했고 젊은 변호사의 비서로 취직할 수 있었다. 그 변호사는 훗날 우리 시의 시장이 되고 국회의원 선거에도 출마했으며, 상당수의 변호사와 비서들을 채용할 정도로 회사를 키워낸 인물이었다. 그 변호사 밑에서 한창 인정을 받던 무렵, 나는 목사가 되겠다는 소망을 키우기 시작했다. 내 인생을 건강과 행복, 부로 가득 차게 이끌어준 정신적인 열쇠를 다른 사람들에게도 나누어주고 싶었기 때문이다.

법칙 중의 법칙

부를 위한 기본 원리를 적용하면 수학 공식처럼 명명백백하고 확실한 결과를 낳는다. 과학자들은 이런 원리를 가리켜 작용과 반작용이라고 표현한다. 어떤 사람들은 수요와 공급이라고도 한다. 성경에서는 부에 대한 기본 원리를 씨를 뿌리고 수확하는 것으로 비유했다.

에머슨은 이를 보상의 원리라고 표현했다. 그는 『보상』이라는 에세이에서 다음과 같이 주장했다.

"당신이 하는 모든 노력에 보상이 있을 것이다. 보상이 늦으면 늦을수록, 당신에게는 더 크게 이루어질 것이다. 복리(複利)에 복리를 더하는 것이 신이 베푸는 관례이고 법칙이기 때문이다."

받기 위해서는 먼저 주어야 하고 주는 것이 있으면 반드시 보상이 있다는 사실! 이것이 바로 부를 이루는 기본 원리이다. 에머슨은 그것을 가리켜 '법칙 중의 법칙'이라고 강조했다.

거저 얻을 수는 없다

보상의 원리가 인생의 기본 원리라고 강조한 에머슨의 생각에 나도 동의한다. 나는 이 부의 기본 원리를 '발산'과 '흡수'라고 표현하고자 한다.

그러니까 자신의 생각과 감정, 상상을 외부 세계로 발산하면 그 결과를 고스란히 실제 삶과 일 속으로 끌어들이게 된다는 뜻이다. 원인이 있기에 결과가 있고, 주는 것이 있기 때문에 받을 수 있다. 즉 아무 노력도 하지 않고 거저 얻을 수는 없는 것이다.

고도화된 문명 세계에 아직도 가난이 존재하는 이유는, 많은 사람들이 이 인생의 기본 법칙을 모르고 있기 때문이다. 흡수하기 위해서는 발산해야 함을, 발산하면 흡수하게 됨을 깨닫지 못하고 있기 때문이다.

받기 전에 먼저 주어야 하며, 수확하기 전에 먼저 씨를 뿌려야 하는 것이다. 내어주지도 않고 씨를 뿌리지도 않으면 결코 부를 향한 통로에 들어설 수 없다.

최근에 빈민 구역 사람들과 접촉하면서 나는 다시 한 번 이 법칙의 효력을 절감할 수 있었다. 그곳의 사람들은 대부분 '동정'받을 생각에만 골몰해 있었다. 먼저 내어주고 씨를 뿌리는 일, 즉 부의 기본 법칙에는 아무런 관심도 없었다. 오로지 거저 얻으려고만 하기 때문에 계속 가난하게 살 수밖에 없는 것이다.

아마도 이 대목에서 이런 생각이 들지도 모르겠다.

"가난에 쪼들리는 사람이 남한테 줄 게 어디 있어?"

그러나 보이는 것이든 보이지 않는 것이든, 줄 것은 언제든지 있다. 남에게 줄 수 있는 것은 꼭 돈과 물질만이 아니다. 사소한 칭찬 한 마디, 친절한 행동 하나에도 발산과 흡수의 법칙은 적용된다.

그래서 나는 이 귀중한 인생의 비밀을 전 세계인에게 알려주고 싶다.

"세상에 거저 얻을 수 있는 건 아무것도 없다. 진정으로 받고 싶은 것이 있다면 무형의 것이든 유형의 것이든 먼저 넉넉히 내어줘라. 그러면 가장 좋은 것으로 얻을 수 있을 것이다."

발산하라 그러면 흡수하리라

에머슨은 주고받는 부의 원리, 즉 발산과 흡수의 원리를 다음과 같이 묘사했다.

"위대한 마음을 가진 사람들은 비밀스런 힘을 끊임없이 발휘하여, 위대한 일들만을 계속하여 끌어들인다."

여기서 '위대한 마음을 가진 사람'이란 어떤 사람을

말하는 것일까? 실패와 좌절이 아닌, 성공과 부를 기대하고 생각하는 사람들을 말한다.

다음과 같은 푸념을 들어보았을 것이다.

“나는 뭘 해도 안 돼. 번번이 실패야. 세상 참 살기 힘드네. 다른 사람들은 술술 잘만 풀리더구먼.”

보통 이렇게 불평을 하기 시작하면 일터에서도 가정에서도 불쾌한 일들이 꼬리에 꼬리를 물고 일어나게 마련이다. 생각이 현실을 만드는 것이다.

이처럼 우리들은 의식하든 그렇지 않든 간에, 모두 끊임없이 발산과 흡수의 원리를 사용하고 있다. 진정으로 인생에서 더 많은 부와 성공을 누리고 싶다면, 의도적으로 그리고 대담하게 성공과 부를 향해 생각을 고정시켜야 한다. 좌절과 실패에 몰두하지 말고 진정으로 원하는 목표를 향해 생각을 발산하면, 그에 걸맞는 현실을 흡수하게 돼 있는 것이다.

홍보 회사를 운영하고 있는 내 친구는 최근에 발산과 흡수의 법칙을 적용하여 성공적인 결과를 낳았다. 그는 어느 기업을 상대로 거래를 성사시키려고 오랫동안 애를 썼지만 갖은 수단을 다 동원해도 문은 열리지 않았다. 결국 그는 거래에 대한 강렬한 열망을 ‘발산’해야겠다고 결심했다. 반드시 거래를 맺게 될 거라고 확신하기로 한 것이다.

그는 이미 거래 승인을 따냈다고 믿고, 그 후에 상대 기업의 최대 관심사에 어떻게 부응해야 할 것인지 치밀하게 준비하기 시작했다. 또 한편으로는 그 기업의 홍보 담당 인사들이 어떤 사람들인지도 꼼꼼하게 체크했다.

그러는 과정에서도 그는 자신에게 계속 확인시키는 일을 잊지 않았다.

"나는 기죽지 않아. 끝까지 버틸 거야. 포기하지 않아. 나는 반드시 성공하기로 예정돼 있어."

그렇게 하자 마음이 잔잔히 가라앉으며 평정을 유지할 수 있었다.

몇 주 후, 그는 기업 간부들을 위한 어느 회의에 참석하는 기회를 갖게 됐다. 호텔 수영장에서 다른 회사 간부 몇몇과 수영을 하던 그는, 자신이 몇 달 동안이나 거래를 트려고 애쓰던 바로 그 기업의 홍보 담당자와 대면하게 되었다. 그리고 바로 풀 안에서 두 사람은 협상을 벌이기 시작했다. 그는 나에게 자신의 체험을 신명나게 털어놓으며 이렇게 선언했다.

"내게 이 행복한 결과를 가져다준 것은 틀림없이 발산과 흡수의 법칙이었어!"

수백 명의 사람들과 대화를 나누면서, 생각이 바로 현실을 만든다는 사실을 사람들 대부분이 깨닫지 못하고 있음을 나는 분명히 알 수 있었다.

마음이 먼저다

만사(萬事)는 먼저 마음속에서 이뤄진다는 사실, 이 얼마나 흥미진진한 일인가! 마음이란 이미 존재하는 세계와 아직 존재하지 않는 세상 사이를 연결하는 고리이다. 그렇기 때문에 마음속에서 이뤄진 일은 현실에서 이뤄지게 돼 있는 것이다.

바로 내가 원하는 대로 나의 세계를 바꿔나갈 수 있다는 말이다! 대부분 그러한 능력을 거꾸로 사용하기 때문에 곤경에 빠지는 것이다.

의도적으로 그리고 꾸준히 어떤 목표를 향해 생각과 감정, 기대를 집중시키면 그것이 곧 실제 경험을 만들어 낸다.

그러므로 누구에게 애걸하거나 하소연할 필요 없이, 조용히 진정으로 경험하고자 하는 목표를 선택하고 생각하고 발산하기만 하면 된다.

그렇게 하면 부가 쏟아져 들어오기도 전에 이미 승리를 예감할 수 있을 것이다.

이와 같이 열망하는 대상을 우리 쪽으로 '흡수'하기 위해 먼저 의도적으로 '발산'해야 하는 것이다. 그렇게 하지 않으면 제한된 사고 습관이 굳어져 제한된 결과만을 얻게 된다.

물론 그럴 만한 자격이 없는데도 승승장구하는 것처럼 보이는 사람들이 가끔 있다. 그러나 그런 사람들의 건강과 부 그리고 행복은 머지않아 무너져버리게 될 것이다.

그것이 세상을 주관하는 신의 섭리이다. 그러니 발산과 흡수의 법칙이 정말 효력이 있는지, 눈치만 보지 말고 스스로 실험하고 증명해 보이도록 하라.

우울한 기질은 날려보내라

우리 모두에게는 우울한 기질과 함께 신이 부여한 신성한 능력이 잠재돼 있다.

심리학자들은 사람들이 대부분 정신력의 약 10퍼센트밖에 사용하지 못한다고 주장한다. 의학계에서는 사람들이 신체가 가진 힘의 약 25퍼센트만을 사용한다고 보고 있다.

나아가 심리학자들은 24시간의 육체 작업보다도 한 시간 동안 정신력을 집중적으로 사용할 때, 더욱 월등한 결과를 낸다고 주장한다. 일부 심리학자들은 한 달간의 육체 작업보다도 한 시간의 사고력 집중이 월등한 결과를 낳는다고도 한다. 우리 안에는 사용 가능한 엄청난 힘이 내재돼 있는 것이다. 그러므로 풍요로운 인생을 살기 위해서는 먼저 우리 안에 숨어 있는 어두운 기질을 날려보내야 한다.

그렇게 할 때 우리의 생각과 감정은 부를 향해 발산될 것이다.

자, 발산과 흡수 이론의 효력을 지레 의심하지 말고 일단 부의 비결로서 과감하게 사용해보라. 이 책에는 다양한 부의 법칙들이 소개되지만 모두 이 발산과 흡수의 원리를 기본으로 하고 있다. 즐겁게 기대하는 마음으로 부의 법칙들을 적용해나갈 때 반드시 풍성한 결과를 거두게 될 것이다!

다음의 '선언문'을 명심하고 다음 장에 소개하는 부의 원리를 공부하기 바란다.

"나는 초강력 자석이다. 내가 끊임없이 발산하는 생각, 감정, 상상에 따라 열망하는 모든 것을 나 자신에게 끌어당길 수 있다. 나는 내 우주의 중심이다! 원하는 모든 것을 창조할 수 있는 힘을 가지고 있다. 발산하면 흡수하게 돼 있다. 즉 마음속으로 선택하고 이루겠다고 마음먹은 모든 것을 내게로 끌어들일 수 있다. 그래서 나는 가장 값있는 것, 그러니까 건강과 성공, 행복을 선택했다. 그러므로 이제 모든 인류와 나 자신을 위해 풍성한 수확을 거두게 될 것이다."

부의 법칙

3 여백을 만들라

자연은 텅 빈 여백을 싫어한다. 특히 부의 원리에서 그러한 특징이 뚜렷하게 드러난다. 여백의 법칙이란 가장 중요한 부의 원리 중 하나이다. 정직하게 부자가 되려고 하고, 부에 대해 긍정적인 생각을 하는데도 여전히 실패만 거듭한다면, 대개 여백의 법칙을 사용하지 않아서인 경우가 많다.

여백의 법칙이란 다음과 같다. 인생에서 더 큰 부를 원한다면 먼저 그것을 받아들일 만한 빈 공간을 만들라는 것이다! 즉 원하는 것을 채울 수 있도록 여백을 만들어야 한다는 말이다.

옷장에 옷이 가득한데도 몸에 맞는 것이 없다면, 아는 사람은 많지만 마음이 맞는 친구가 없다면, 진심으로 원하는 것을 가질 수 있다는 믿음을 갖고 불필요한 요소를 제거해야 한다. 사실 원하지 않는 것을 제거하기 전까지는 자신이 무엇을 원하는지조차 알기 어려울 때가 많다.

강 중간에 쓰레기 더미가 쌓이면 물길이 막혀 제대로 흐를 수가 없다.

그러므로 인생에서 더 큰 만족을 원한다면 치워야 할 것을 치워 여백을 만들어야 한다. 자연은 빈 공간을 몹시 싫어하기 때문에, 인생에서 원하지 않는 것을 제거하기 시작하면 자동적으로 원하는 것이 그 자리를 메우게 된다. 바람직하지 못한 점을 제거함으로써 자동적으로 더 좋은 것이 들어올 자리를 만드는 것이다.

어떤 사업가가 중병이 들어 몇 달 동안을 입원해 있었다. 유능한 주치의가 가능한 의학 수단은 다 동원해보았지만 아무런 차도를 보이지 않았고, 사업가는 날이 갈수록 허약해졌다.

어느 날 밤 고열과 잦은 기침에 고통스러워하던 그는 문득 여백의 법칙을 떠올리고 뭔가 치워야 할 게 없는지 궁리하게 되었다. 감정과 사고가 신체에 놀라운 영향을 미친다는 사실을 알고 있던 그는 자기 안에서 버려야 할 부분이 있을 것이라고 생각하게 되었다.

그는 골똘히 그 부분을 찾기 시작했다. 그리고 자신이 적개심을 품고 있는 한 사람을 떠올릴 수 있었다. 그 사람에게 몇 번이나 불친절한 행동을 하고 상처 주는 말을 던졌던 게 생각났다.

그 사람과 있었던 일을 되돌아보자, 그때마다 자신이 품었던 지독한 증오의 감정을 떠올릴 수 있었다. 그리고 냉정하게 짚어본 결과, 미워한 상대방보다 미움을 품은 자신이 더 큰 상처와 병을 얻었음을 깨달았다.

고열에 시달리던 그는 결국 혼자 이렇게 다짐했다.

"나는 당신을 완전히 용서합니다. 우리 사이에 있었던 일은 영원히 잊어버립시다. 당신에게 상처 주기를 원치 않습니다. 피해를 주고 싶지도 않습니다. 나도 자유고 당신도 자유며, 우리 사이에 있던 모든 일들도 자유가 되었습니다."

잠시 후 잔잔한 평화가 밀려들기 시작했다. 그리고 오랜만에 달고 깊은 잠을 잘 수 있었다.

다음날 아침 그토록 그를 괴롭혔던 열기가 가셨고, 의사는 그가 회복돼가고 있다고 진단했다. 용서를 통해 사업가는 몸과 마음을 회복시킬 수 있는 빈 공간을 만들었고 그 결과 새 인생을 시작할 수 있게 되었던 것이다.

용서가 해답이다

사람들은 대부분 '용서'를 불쾌하고 찜찜한 일이라 여기고 꺼려한다. 그러나 용서란 단순히 말을 뱉는 데서 그치는 게 아니라, 기존의 생각이나 감정을 지워버리고 그 자리에 더 나은 것을 부여하는 역할을 한다. 그러므로 용서란 빈 공간을 만들어 더 나은 것이 들어올 수 있는 통로를 열어주는 일을 한다.

수백 명의 사람들과 직접 대면하면서, 그보다 많은 사람들과 편지를 통해 상담하면서, 나는 부를 가로막는 최대 최후의 걸림돌이 바로 용서라는 것을 알았다.

또한 관련된 사람들 중에서 딱 한 사람만 용서의 자세를 취하면, 그 밖의 모든 사람들이 응답하고 축복받으며 문제가 해결된다는 것도 알 수 있었다.

여백을 만들어내는 용서의 기술은 다음과 같다.

매일 30분 정도 자리에 앉아서 반감을 가지고 있거나 사이가 좋지 못한 사람들을 마음속으로 용서한다. 부당하게 누군가를 비난했다면, 누군가와 지나친 언쟁을 벌였다면, 누군가를 험담했다면, 법적으로 분쟁을 벌이고 있다면, 마음속으로 그들에게 용서를 구하자. 그들이 잠재의식을 통해 반응할 것이다.

또한 과거의 실수나 실패로 자책하고 있다면 당신 자

신을 용서해야 한다. 용서는 부와 성공이 들어올 공간을 마련해준다.

버릴 것은 과감히 버려라

얼마 전에 나는 옷장에 안 입는 옷들이 많은 것을 알고 동생에게 주어야겠다고 결심한 적이 있었다. 좋은 옷들이었지만, 오래 입어서 싫증이 난 터라 유행하는 디자인으로 바꿔보고 싶었다. 그래서 옷장에 새 옷을 채워넣기 위해 자리만 차지하는 옛날 옷은 동생에게 줘야겠다고 생각한 것이다.

옷을 동생한테 부치고 나자 새 옷을 사 입을 기대감에 몹시 기분이 좋아졌다. 그러나 몇 주가 흘러도 나는 새 옷을 사지 않았고 기분도 썩 좋지 않았다. 결국 마음속으로는 동생한테 준 옷에 대해 여전히 집착하고 있음을 깨달았다.

"그 코트를 동생한테 주지만 않았으면 오늘 입고 나갔을 텐데. 아까워라."

내 손에서 떠나보낸 것에 대해서는 마음으로도 놓아주어야 한다. 그래서 나는 동생에게 보낸 옷을 하나하나 떠올리며 마음속으로 이렇게 선언했다.

"나는 너를 놓아주겠어. 완전히 떠나보내는 거야. 내 외투로 할 일을 다했으니까 더 이상 필요하지 않게 됐거든. 너는 이제 더 잘 어울리는 곳으로 옮겨가는 거야."

그러고 나자 내 옷장에는 드디어 새 옷들이 하나둘씩 자리를 잡기 시작했다.

과거의 문제에 집착하며 아직도 전전긍긍하고 있다면 마음으로부터 완전히 놓아주어야 한다. 그렇게 할 때, 더 좋은 것을 내 앞으로 끌어올 수 있는 힘이 크게 증가된다.

누군가에게 선물을 주고도 마음으로는 움켜쥐고 있다면, 그것은 결코 선물이 아니다. 자유롭게 내어줄 수 없다면 아예 줄까말까 고민조차 하지 말라. 그러나 이미 주었다면 과감하게 마음에서 떠나보내라. 그렇게 하지 않으면 부는 결코 우리 앞으로 다가오지 않는다. 여백이 만들어지지 않았기 때문이다.

의도적으로 부유한 이미지를 만들라

마음에서 완전히 놓아줌으로써 새로운 부를 위한 여백을 만들었다면, 이제는 현재 가진 자원을 이용하여 최대한 부유한 느낌과 분위기를 내도록 노력해야 한다.

어느 누구에게도 궁핍하거나 부족해 보인다는 인상을 주어서는 안 된다. 가진 옷 중에서 가장 잘 어울리는 것으로, 가장 좋은 옷을 입어야 한다. 많은 사람들이 경제적 궁핍과 한계에 대해 말하는 습관 때문에 가난한 집에 갇혀 살고 있다. 결코 자신을 가난하다고 여기지 말아야 한다. 비관적인 대화 습관도 버려야 한다.

가장 좋은 사기 그릇과 은제 식기를 사용하고, 식탁에 음식이라고는 단 한 접시밖에 올리지 못한다 해도 촛불을 켜놓고 식사하라.

여백을 만들고 원하지 않는 것은 과감히 내버릴 때, 가능하면 최대한 부유한 분위기를 내려고 노력할 때, 부는 우리를 향해 다가오기 시작한다.

우리의 필요를 충족시키기 위해 신비스러울 정도로 새로운 부의 통로가 열릴 것이다. 미처 깨닫지 못하던 자신의 능력과 장점을 깨닫게 됨은 물론, 주변 사람들까지 저절로 당신을 거들게 될 것이다.

때로는 여백을 만드는 과정에서 이미 손에 쥐고 있는 것으로도 충분하다는 사실을 깨닫기도 할 것이다. 오히려 이미 낭비한 것이 많다는 사실을 알 수도 있을 것이다. 처음에는 너무 적거나 불충분하다고 느꼈는데, 여백을 만들려고 하다 보니 아직은 사용할 만하다는 게 드러나기 때문이다.

부를 위해 여백을 만들라

우리는 모두 더 나은 경제 상황을 원하며 반드시 그렇게 되어야 한다. 그러기 위해서는 반드시 지켜야 할 게 있다.

먼저 비관적인 관점에서 경제적 궁핍을 이야기하지 말아야 한다. 매사를 긍정적으로 말하는 습관을 가져야 한다. 그런 다음 진정으로 원하는 것을 채워넣기 위해 포기할 것은 포기하고 버릴 것은 버린다. 옛 생각을 버리고 그 자리에 부와 진보에 대한 새로운 생각을 채워넣을 때, 우리가 처한 상황은 서서히 개선될 것이다.

사람은 언제나 현재 가진 것보다 더 나은 것을 원한다. 그러한 성향은 진보를 이루는 강력한 추진력이기도 하다. 어린아이들이 자라서 옷이 작아지는 것과 같은 원리이다. 더 나은 인생을 향해 성장하려면 옛 생각은 맞지 않아야 마땅한 것이다.

성장에 보조를 맞추기 위해, 옛것을 끊임없이 제거하는 과정을 거쳐야 한다. 옛것에 집착할 때 진보는 방해를 받고 정지될 수밖에 없다.

이처럼 여백의 원리와 그 효력이 분명한데도, 왜 당신은 지금 당장 여백을 만들어 부를 맞아들이려 하지 않는가?

부의 법칙

4 불타는 열망을 가져라

마음 안에 여백을 만들었다면 이제 창조의 법칙을 적용해 그 빈자리에 풍성한 부를 가득 채울 차례이다. 창조적인 부의 원리는 이번 장과 다음에 오는 두 장에 걸쳐 세 단계로 구성된다.

첫째, 목표를 향해 간절한 열망을 불태우고 달성 계획을 글로 적어서 날마다 확인하고 수정하는 과정을 반복한다.

둘째, 상상력을 발휘하여 그 계획이 실현되는 과정을

마음속으로 그린다.

셋째, 목표 달성을 끊임없이 스스로에게 확인시킨다.

창조의 법칙 세 가지 중에서도 이번 장에서 다루는 첫 단계가 가장 중요한 의미를 차지한다. 목표를 달성하기 위한 계획을 세우고 글로 적는 과정을 거치지 않으면, 다음의 두 단계는 아무런 효력을 발휘하지 못하기 때문이다.

강렬한 열망이 성공의 추진력이다

첫 번째 창조의 법칙은 열망과 그 열망을 향해 건설적으로 행동을 취하는 단계이다.

최근에 어느 사업가가 내게 이런 말을 한 적이 있다. 고객이 몹시 원하는 제품이 있다면 바로 그 상품을 판매하는 게 가장 좋다는 것이다.

그 고객에게 더 잘 어울릴 것 같은 상품이 있다 해도, 고객이 이미 결심을 한 상태이고 간절히 원하고 있다면 결코 그 열망을 바꾸게 만들지 않는다는 것이다. 왜냐하면 열망이란 그토록 간절한 것이기 때문에, 강렬한 열망이 제품에 대한 믿음과 만족을 낳는다고 그는 강조했다.

진정한 열망을 가진 사람이라면 어영부영 '대충 때우

기'를 좋아하지 않는다. 강렬한 열망은 성공에 대한 강력한 추진력을 제공하기 때문이다. 열망이 강하면 강할수록 추진력은 더욱 커지게 돼 있다.

다양한 사람들의 다양한 문제를 상담하면서, 열망은 목표 달성에 방해가 되는 그 어떤 장애도 극복해낸다는 사실을 나는 분명히 확인할 수 있었다.

그렇다면 부와 성공을 향한 열망은 어떻게 만들어지는 것일까? 한 번에 하나의 목표에 집중함으로써 열망은 생겨난다.

하나의 큰 목표에는 몇 가지 작은 소망이 연결되게 마련이고, 큰 목표가 달성되는 순간 그 나머지 것들도 자동적으로 성취된다.

수백만 명의 사람들이 성공을 원하지만, 실제로 강렬하고도 간절한 열망을 가진 사람은 소수에 불과하다는 것이 안타까울 따름이다. 세상에 위대한 업적을 이룬 성공자들을 만나보면, 대부분 자기 인생에서 최고와 최선을 강렬히 열망하는 사람들임을 알 수 있다.

사람들이 건설적인 열망을 불태우도록 유도하기 위해 내가 자주 하는 말이 있다.

"나는 인생에서 최고와 최선을 열망하고 있고 지금 그것을 내 것으로 만들어가고 있다."

열망하는 내용을 글로 적어라.

일단 열망하는 대상, 즉 목표를 세웠으면 그 실현 계획을 글로 표현해야 한다. 그러나 일단 글로 옮겼다 해도, 계획은 언제든지 수정과 삭제의 과정을 거쳐야 한다.

열망하는 내용과 실현 계획을 지면에 옮김으로써 마음속의 열망은 더욱 명료해진다. 명백한 의도가 부여될 때에만 우리 마음은 명백한 결과를 만들어낼 수 있다.

사람들은 더 나은 삶과 더 많은 돈을 갖고 싶어하지만 과연 어떤 삶을 원하는지, 얼마나 더 많은 돈을 원하는지 뚜렷하게 파악하지 못하고 있다.

에밀리 캐디 박사가 저서 『진실의 교훈』에서 언급한 바와 같이 "열망은 더 좋은 것을 주기 위해 신이 우리 마음의 문을 두드리는 것"과 같다.

그런데도 열망을 억누르려고 한다면 부를 향한 건설적인 통로가 막혀버린다. 오히려 이때부터는 파괴적인 통로로 빨려 들어가 신경쇠약과 스트레스는 물론, 심지어 마약과 알코올 중독 등으로 인생을 망치게 된다.

열망하는 내용과 실현 계획을 글로 적음으로써 어떤 효과를 볼 수 있는지, 젊은 시절 근무했던 법률 회사의 사장을 통해 처음 알게 되었다. 국회의원 선거에서 떨어진 직후, 그는 자책감이나 자포자기에 빠지지 않고 즉시 새로운 계획을 작성하는 데 골몰하기 시작했다.

그는 회사를 더 확장하고 수익도 증가시키겠다는 열망

을 발표했다. 변호사 두 사람이 일하는 회사를 대여섯 명까지 늘리고 연간 소득도 5년간 차근차근 높여나가겠다는 계획이었다.

그때만 해도 나는 열망이 성공을 이루는 데 얼마나 위력을 발휘하는지 알지 못하고 있었다. 너무 단순해 보였기 때문이다! 그럼에도 불구하고 나는 그가 휘갈겨 쓴 계획이 하나하나 실현되고 열매 맺는 것을 똑똑히 지켜볼 수 있었다.

각 분야의 전문 변호사를 5명이나 고용하게 되었고, 좁은 사무실에서 벗어나 빌딩 한 층을 통째로 쓰는 유능한 로펌으로 당당히 자리를 잡은 것이다.

열망하는 목표를 세우고 그 실현 계획을 글로 표현한 다음 과감히 행동에 들어간 결과, 그 변호사는 국회의원 낙선의 좌절을 딛고 법조계의 실력자로 부상할 수 있었다.

부는 계획된 결과이다

부는 의도적인 생각과 행동의 결과이다. 풍요로운 인생이라면 그저 되는 대로 대충대충이 통할 수 없다. 교각이나 건물이 정확히 설계도에 따라 지어지는 것과 마찬가지로, 부는 명확한 계획에 의해 이뤄지는 결과물이다. 의도적인 계획이 없다면 지속적인 부란 있을 수 없다.

이 장에 소개하는 부의 창조 법칙은 내 강연을 들었던 사람들이 적용해서 성공을 거둠으로써, 이미 수차례 검증 과정을 거쳤다. 강연에 참석한 많은 기업가들이 이전의 모든 실패를 딛고 놀랍도록 성공적인 결과를 거둘 수 있었다.

그런데 자신이 무엇을 원하는지 잘 알지 못하는 사람들도 있다. 즉 자신의 열망이 무엇인지 아직 모르고 있는 것이다. 그런 경우 현재의 삶에서 원치 않는 것이 무엇인지 생각해보고 목록을 만든다. 자기 인생에서 없어졌으면 하는 것에 대해 목록을 만드는 것이다. 그 목록을 완성한 다음, 이렇게 자신에게 선언해보라.

"여기 적힌 것은 모두 없어져야 해." 또는 "여기 적힌 모든 것은 반드시 해결돼야 해."

매일매일 목록을 만들라

열망을 글로 표현하는 창조적인 방법은 모델 학교를 운영하는 내 친구에게도 효력을 발휘했다. 그녀는 목록을 만들고 매일 수정하는 과정을 테이프에 녹음하고, 그것을 모델 지망생을 교육하는 데 활용했다. 학생들은 교육받은 대로 각자 희망하는 분야와 보수, 근무 시간, 근무 환경을 목록으로 만들었다.

그 결과는 과연 어떠했을까? 많은 학생들이 패션 모델은 물론, 텔레비전과 라디오 방송국에서 일자리를 얻을 수 있었다.

여기 부의 창조 법칙 첫 단계를 적용할 수 있는 간단하고도 효과적인 방법이 있다. 매일 하루를 시작할 때와 마칠 때, 목록을 수정하고 메모하는 습관을 키우는 것이다.

나는 아침에 커피 한 잔을 마시며 몇 분간 조용히 앉아서 나와 주변 사람들이 꼭 해냈으면 하는 그날의 크고 작은 일들을 생각한다.

그리고 그러한 일들의 목록을 차근차근 적는다. 약 5분 정도가 걸리지만 하루 중에서 참으로 귀중한 시간에 속한다.

그날 하루를 어떻게 보내느냐가 이 짧은 5분에 달려 있기 때문이다.

마찬가지로 하루를 마칠 때가 되면, 아침에 적은 목록을 검토하고 그날을 돌아보며 하루를 잘 마무리한 데 대해 감사하는 시간을 가진다. 때로는 미진했던 부분, 실수했던 부분을 점검하여 다음 계획을 수정하기도 한다.

그렇게 하면 마음이 편해지고 잠도 푹 잘 수 있게 된다. 아침과 밤마다 되풀이하는 이 습관에 길들여져 있어서 하루라도 거르게 되면 뭔가 불완전한 느낌이 들 정도가 되었다. 또한 목록을 만들고 수정하는 일을 항상 지키기 때문에 그날 예정했던 일이 어긋나는 경우는 거의 없다.

예상외로 많은 사람들이 이 방법을 사용한다

이렇게 목록을 만드는 일이 하찮게 보일 수도 있지만 성공한 많은 사람들이 바로 이 방법을 사용하고 있다. 그런 사람들은 대부분 자신의 성공 비결을 광고하려 하지 않는다는 것을 감안하면, 이 방법을 사용하는 사람들의 수는 생각보다 훨씬 더 많다.

유명한 엔지니어가 코트 안주머니에 지니고 다니는 작은 수첩을 자랑스레 보여준 일이 있다.

그리고 그 수첩이 바로 자신의 성공 비결이라고 털어놓았다. 업무중에 당혹스러운 돌발 사태가 발생하면 얼른 그 수첩을 꺼내서 원하는 해결 방향을 기록한다. 자신이 하는 일에 대해 조금도 회의를 품지 않고 당당하게 기록한다.

그렇게 함으로써 문제 해결의 주도권을 다른 동료들보다 먼저 획득할 수 있다는 것이다.

한 어머니가 회사에서 간부 교육을 받는 아들에게 요즘 무엇을 배우고 있느냐고 물어보았다. 아들은 간부의 위기 관리 능력으로서, 최신 심리학 기술을 배운다고 대답했다.

조용히 자리에 앉아서 문제 상황을 글로 적은 다음, 최선의 해결책이라고 생각되는 내용을 종이에 적는 방법이었다. 그런 다음 상황 변화에 따라 계획을 검토하고 수정하면서 문제 해결에 접근해가는 것이었다.

그런데 아들은 어머니의 말을 듣고 깜짝 놀라고 말았다. 어머니는 어느 강연에서 배운 대로, 벌써 몇 달 전부터 그 방법을 사용하고 있다고 알려주었기 때문이다.

어떤 의사는 희망 소득액을 글로 적기 시작한 뒤 불과 몇 주 만에 상당한 소득 증가의 효과를 보았다.

이전에도 소득 증가를 원하고는 있었지만 목표 액수가 너무 과해서 자기 능력으로는 불가능하다는 생각만 들었다.

그런데 소득 증가폭을 단위로 설정하여 글로 적자, 서서히 가능한 것으로 여겨졌다. 그리고 몇 주 만에 그것은 현실이 되었다.

고민거리를 늘어놓고 다닐 때 화를 부른다

어느 사업가가 경영난을 겪고 있었다. 처음에는 상황이 그리 급박하지 않아서 스스로 마음가짐만 바꾸면 쉽게 해결할 수도 있었다.

그러나 그 사실을 깨닫지 못한 그는 불안한 마음에 자신의 고민거리를 주변의 친지들에게 여기저기 늘어놓고 다니기 시작했다.

그러는 과정에서 그는 점점 부풀려 말하게 되었고, 따라서 상황은 그의 마음속에서도 더욱 심각한 문제로 각인돼버렸다. 그러니 현실에서 해결이 이루어질 리가 없었다.

그러던 그가 부에 관한 긍정적인 사고방식을 적용하자, 몇 달 후에는 모든 문제가 깨끗이 해결되었다. 그는 우선 고민거리를 타인에게 늘어놓거나 편지로 알리는 일부터 중단했다.

그리고 사태가 어떻게 해결되기를 원하는지 조용히 생각해보고 그 내용을 글로 옮기자, 서서히 회복의 조짐이 보이기 시작한 것이었다.

곤경에 처했다면 그 일이 어떻게 해결되기를 원하는지 매일매일 조용히 글로 옮기는 것이 좋다. 그렇게 하면 소망하는 개선 방향을 자신의 마음에 새겨서 확신하게 됨은 물론, 잠재의식에 새겨진 소망이 타인에게 영향을 미쳐 협조와 도움을 얻을 수 있게 된다.

과연 효력이 있을까 의심이 들 정도로 단순한 방법이지만 그야말로 신비한 효력을 발휘한다. 그토록 유익한 결과를 낳는 방법인데도, 왜 과감하게 현대판 기적을 경험해보려고 하지 않는가?

당신의 과거와 미래를 지배하라

과거와 미래 역시 글로 표현하는 과정을 통해, 당당한 지배권을 행사할 수 있게 된다.

나는 상담을 통해 수많은 사람들이 과거의 실패에 연연하며 여전히 과거 속에 살고 있음을 알 수 있었다. 지나간 날만 돌아보는 습관은 앞으로 나아가지 못하게 방해하고, 그럼으로써 현재와 미래의 발전까지 망쳐버린다.

역시 방법은 같다. 과거의 실수에 대해 어떤 점을 고쳤으면 좋았을지, 현재와 미래에 나의 삶은 어떻게 되기를 바라는지 글로 적어라.

과거의 사건들이 어떻게 되었으면 좋았을지 글로 적는다는 것은 아픈 상처를 들쑤시는 행동처럼 보일 수도 있다. 그러나 과거의 불쾌한 경험에 집착하던 사람들이 이 방법을 적용한 결과, 더 이상 아무 문제가 없다고 연락해온 사례를 나는 얼마든지 소개할 수 있다. 심지어 과거의 사건으로 오해가 깊어져 사이가 벌어졌던 사람들이 서로를 용서하고 화해하기도 했다.

마찬가지로 미래의 어떤 일 때문에 불안하다면 바라는 해결 방향을 글로 적어보자.

그렇게 하면 생각 속에서 미래의 그 일을 지배할 수 있게 된다.

관련된 모든 사람들의 이름을 적고, 화목과 이해 그리고 소망하는 결과를 글로 표현한다.

정신 세계에서는 시간 개념이 통용되지 않으므로, 우리의 마음이 미래의 경험으로 투영되어 조화와 좋은 결과를 미리 준비할 수 있게 된다. 그럼으로써 모든 것이 쉽고도 신속하게 그리고 성공적으로 이루어질 수 있는 것이다.

알고 지내는 한 청년은 대기업의 성공한 젊은 임원으로 활약하고 있다. 그는 10대 때부터 12년간의 계획을 글로 적었는데 놀라울 정도로 정확히 실현되었다고 털어놓았다. 아직 20대 후반이지만 그는 부자가 되었으며 앞으로 몇 년 안에 백만장자가 될 것이라는 예견까지 듣고 있다.

효력을 의심치 말라

부의 창조 법칙은 우리의 과거와 현재, 미래까지도 성공과 행복으로 바꾸어놓는 강력한 효력을 발휘한다.

이 방법을 동원하면 인생에서 더 좋은 것을 만들어낼 수 있는데, 결단을 망설일 이유가 없다. 우선 인생에서 가장 바라는 게 무엇인지부터 자신에게 물어보자. 진지하고 정직하게 물어보아야 한다. 그런 다음 주요 소망을 글로 적어보자.

자, 이제 적어도 하루에 15분 정도는 그 목록을 확인하고 수정하는 데 보낸다. 이 간단한 과정을 계속할 때, 꿈꾸던 것 이상의 성과를 얻게 될 것이다.

괴테가 남긴 말 속에 불타는 열망의 중요성이 강조돼 있다.

“당신이 할 수 있는 것과 할 수 있다고 꿈꾸는 것은 무엇인가? 바로 그것을 시작하라. 용기 속에 천재성과 힘 그리고 마법이 들어 있다.”

부의 법칙

5 상상력을 동원하라

열망하는 목표와 실행 계획을 작성하고 매일 확인 수정하는 습관을 지키기로 결심했다면, 그 다음은 상상력을 발휘할 단계이다.

상상하는 모든 것을 실제 현실에서 창조할 수 있다는, 즉 마음속에 그린 이미지가 실제 경험을 만들며, 사람의 유일한 한계는 상상력을 부정적으로 사용했을 때 발생한다는 사실 정도는 현대를 사는 우리에게 이미 생소한 진리는 아니다.

실패와 궁핍 속에 살고 있다면, 그것은 먼저 마음속에서 상상했기 때문이라는 뜻이 된다.

그러므로 바로 그 상상력을 동원한다면, 한계를 극복하고 진정 소망하는 인생을 향해 새롭게 출발할 수도 있는 것이다.

프랑스의 의사 에밀 쿠에는 상상력이 의지보다 훨씬 강력하며, 상상력과 의지가 충돌할 때 늘 상상력이 승리를 거둔다는 사실을 처음으로 밝혀낸 학자이다.

그것은 일종의 최면 원리라고도 할 수 있다. 마음속에 어떤 그림이 떠오르는데, 의지가 그 그림을 받아들이지 않으려고 할 때가 종종 있다.

그러나 마음에 그린 그림이 충분히 반복된다면, 그것이 합리적인 이성에는 부합되지 않는다고 해도, 상상력이 강력하게 가동됨으로써 실제 행동을 불러일으킬 수 있음을 잊어선 안 된다.

더 나은 인생을 희망한다면, 먼저 그러한 희망을 마음속에서 그림으로 그려야 한다. 이성이 가로막고 서서 "그런 일은 결코 일어날 수 없어", "말이 안 돼"라고 훼방을 놓을 수도 있다.

그러나 거기에 굴하지 않고 대담하게 마음속의 상상을 계속해나간다면, 목표가 실현될 때까지 강력한 힘을 발휘할 것이다.

상상력이 성공을 거둔 역사상의 실례

역사를 통해서도 상상력을 발휘하여 성공을 거둔 실제 사례를 얼마든지 찾아볼 수 있다. 그 한 예로 고대 그리스의 펠로폰네소스 전쟁을 들 수 있다. 이 전쟁은 27년간이나 계속되었는데, 역사학자들은 그 이유가 양편 모두 목적 또는 전략이 마련돼 있지 않아서라고 주장하고 있다. 양편 모두 승리를 위한 특별한 전략이 없었기 때문에 지지도 이기지도 않은 채 어영부영 싸우기만 하면서 시간을 보낼 수밖에 없었다는 것이다.

결국 스파르타 쪽에 선견지명을 갖춘 유능한 지도자가 등장해 전쟁을 승리로 이끌었다. 그는 분명히 승리와 성공을 마음속에 그릴 줄 아는 사람이었을 것이다.

역사학자들은 그가 오랜 전쟁을 종결시키는 데 단 한 시간밖에 걸리지 않았다고 기술하고 있다. 그렇다면 그는 과연 어떻게 승리를 거머쥘 수 있었을까? 피가 튀는 처절한 혈전을 벌였을까? 절대 그렇지 않았다. 그가 취한 작전은 적들로 하여금 자만하도록 만드는 것이었다.

스파르타의 장군은 다르다넬스 해협 입구에서 꼼짝도 하지 않고 끈질기게 나흘간을 버텼다. 허약하고 싸울 능력도 없는 군대라고 적들이 자만하게 만들기 위해서였다. 드디어 닷새째 되는 날 적이 해안에 상륙하자, 스파르타의 장군은 순식간에 행동을 개시해 180여 척의 적함을 화살 한 발 날리지 않고 사로잡았다.

현대를 사는 우리 역시 앞서 언급한 고대인들과 같은 상황에 처할 때가 많다. 승리를 위한 계획이나 상상력도 없이, 이기지도 못하고 지지도 못하고 그저 싸우기만 하면서 남들 하는 대로 그럭저럭 시간만 보내는 것이다.

기원전 500년경, 손자는 이렇게 말했다.

"전쟁에서 싸움을 즐기기 위해서라면 직접적인 방법을 써야 하지만, 승리를 확보하기 위해서라면 간접적인 방법이 필요하다."

상상력을 발휘하여 부를 마음속에 그린다는 말은, 인생의 다양한 문제를 극복하고 승리를 확보하기 위해 간접적인 방법을 사용한다는 뜻이 된다.

가난, 실패와 전쟁을 벌이면 오히려 문제만 확대되는 경우가 많다. 그 대신에 간접적인 방법, 즉 조용하면서도 끈질기게 부를 상상하는 편이 훨씬 낫다.

성공은 먼저 마음속에서 이루어진다

성서에 등장하는 고대의 인물 요셉은, 성공과 부를 위해 상상력이 어떤 효력을 발휘하는지 증명해낸 대표적인 인물이다. 그의 인생을 통해서, 우리는 상상력을 이용해 무엇을 하고 무엇을 하지 말아야 할지를 배울 수 있다.

요셉은 17세 때 기이한 꿈을 꾸었다. 형제들과 곡식을 묶고 있는데, 형들이 묶은 곡식 단들이 자신의 곡식 단 주위에 둘러서서 절하는 꿈이었다. 또 다른 꿈에서는 태양과 달, 별들이 자신을 향해 예를 갖추었다. 이러한 꿈들은 장차 요셉이 이집트의 총리가 되어 '지배권'을 행사할 것을 상징한 것이었다.

우리도 요셉처럼 지배에 대한 꿈을 꾸어야 한다. 요셉이 아무것도 가지지 않았을 때 지배에 대한 꿈을 꾸었듯, 우리도 또한 그래야 한다. 성공은 먼저 마음속에서 이루어지는 것이기 때문이다.

그러나 요셉은 한 가지 중대한 실수를 저질렀다. 꿈 이야기를 질투심 많은 형들에게 털어놓은 것이다. 그리하여 형들은 이집트로 가는 이스마엘 족 상인들에게 은화 20냥을 받고 요셉을 팔아넘긴다.

우리는 요셉이 한 것처럼, 자신의 꿈과 마음속의 그림을 다른 사람에게 함부로 알려주어서는 안 된다. 마음에 그려놓은 원대한 그림이 의심과 질투로 인해 갈기갈기 찢겨질 위험이 있기 때문이다.

요셉이 이집트에 노예로 팔려간 후, 그의 인생은 오히

려 승리를 향해 전진하기 시작한다. 희생자가 오히려 승리자가 된 것이다! 물론 이집트에 처음 끌려갔을 때, 그는 부당한 일들을 수차례 겪어야 했다. 오랜 세월 동안 감옥에 갇히고 많은 시련을 겪은 뒤, 마침내 요셉은 이집트의 총리가 되어 당대 최고의 강대국에서 2인자로 군림할 수 있게 된다.

성공을 마음속에 그리며 인내하라

상상력은 우리를 위해 즉각적인 결과를 가져오기도 하지만 그렇지 않을 때도 많다. 그러나 요셉과 같이 시간이 오래 걸린다고 해도 포기하거나 좌절하지만 않는다면, 바라는 결과는 훨씬 더 풍성하게 찾아올 것이다.

그 사실을 반드시 확신해야 한다. 마음속의 이미지가 현실화되는 데 시간이 오래 걸리면 걸릴수록, 그 결과는 더욱 커지기 때문이다.

친구 하나는 세계 일주의 꿈을 이루는 데 상상력을 동원했다. 그녀는 세계 지도가 그려진 옷을 사서, 언젠가는 세계 여행을 하고야 말겠다고 생각하며 틈날 때마다 입곤 했다.

그리고 얼마 후부터 친구들과 함께 '여행 기금'을 모

으기 시작했다. 기금이 점차 불어나자 여행사를 찾아가 상담을 한 뒤, 일단 유럽 여행을 떠나기로 결정했다. 세계 지도가 그려진 옷을 입은 지 6개월 만에 유럽으로 여행을 하게 된 것이다.

그 후로도 몇 년 간 '세계 지도 옷'을 계속해서 입은 결과, 그녀는 유럽말고도 세계 각국을 여행할 수 있게 되었다.

트럭 운전사에서 시작해 백만장자가 된 어느 사업가도 있다. 그는 자기가 성공한 배경에는 상상력의 위력이 있었다고 내게 털어놓았다. 1940년, 그는 트럭을 몰고 있었다. 아내와 아이들은 셋집에서 한 주에 25달러의 수입으로 근근이 생계를 유지하고 있었다. 당시 그는 상상력의 위력에 대해 들을 기회가 있었는데, 과연 사실이 그러한지 직접 실험해보기로 결심했다.

그는 마음속으로 자신과 가족이 원하는 생활 수준을 그려보기 시작했다.

우선 자신의 사업체를 운영해보고 싶었고 경제적으로 독립하기를 원했으며, 가족을 위해 안락하고 넓은 집을 소유하고 싶었다. 또한 자동차를 최소한 두 대 정도 갖고 싶었으며 아내가 언제든지 장 보러 갈 수 있을 정도로 충분한 수입을 거두고 싶었다.

그렇게 자신과 가족을 위한 생활 수준과 수입 정도를

매일 마음속에 그려보았다. 그러자 1년도 되지 않아 트럭 운전사로 일하던 회사의 영업 담당 매니저가 될 수 있었다.

그러나 그는 아직 집도 자동차도, 자기 사업체도, 경제적인 독립도 이루지 못한 상태였다. 그해 크리스마스가 다가왔을 때 그는 가족들 앞에서 이렇게 말했다.

"내년 이맘때쯤이면 우리는 차고가 딸린 집에서 살 수 있을 거야."

그러나 그 다음 해 크리스마스에도 그들은 여전히 셋집에서 차도 없이 살고 있었다. 아이들은 아빠가 했던 1년 전의 약속을 상기시켰다. 그러자 그는 이렇게 말했다.

"포기하지 말고 희망을 갖자꾸나. 아마 조만간에 그 약속을 지킬 수 있을 거야."

그 다음 해 크리스마스 때에 그들은 새집으로 이사했지만 차고는 비어 있었다.

다만 큰 변화가 있었다면, 한 주에 25달러 받는 트럭 운전사 시절 부유한 상상을 시작한 지 2년 만에 상상하던 꿈을 완전히 확신하게 되었다는 점이다. 그것은 두꺼운 껍질을 서서히 부수는 과정과도 같았다.

그리고 일단 성공이 찾아들자 모든 일은 어안이 벙벙할 정도로 빠르게 실현되었다. 가족을 위해 부유한 상상을 시작한 지 6년 만에 그는 마침내 목표를 이룰 수 있었다. 그 무렵 그는 보험업계에서 큰 활약을 하고 있었고 10년 후에는 재산가가 되어 은퇴할 수 있었다.

그는 다음과 같은 말로 자신의 성공 스토리를 마쳤다.

> 나는 무일푼 트럭 운전사에서 출발해 10년 만에 보험업계에서 행운을 맞을 수 있었습니다. 그러나 그것은 나의 첫 번째 행운이었을 뿐입니다. 현재 그 업계에서는 은퇴했지요. 앞으로 10년 안에 나는 두 번째 행운을 만들 계획입니다. 물론 똑같은 방법을 동원할 겁니다. 바로 상상력 말이지요!

끊임없이 상상하라

어느 날 매우 완고한 부인이 상상력에 관한 내 강연을 듣고 난 뒤, 찾아와서 이렇게 말했다.

"마음속에 그림을 그려서 그렇게 엄청난 효과를 본다는 말, 난 못 믿겠어요. 그건 그저 정신력일 뿐이에요."

나는 그녀가 의식하지 못하고 있는 사이에 그녀 자신도 끊임없이 상상력을 이용하고 있다고 설명하려 했지만, 그녀는 절대로 수긍하려 들지 않았다.

그리고 세월이 흘러 다시 그 부인에 관한 소식을 접할

수 있었는데, 경제적으로 몹시 곤궁한 상태에 놓여 있다고 했다. 마침내 그녀는 교회를 찾아와 자신의 어려움을 털어놓기에 이르렀다.

나는 다음과 같은 조언을 해주었다.

"부인의 마음속 이미지를 바꾸지 않는 한 경제적인 어려움은 계속될 거예요. 부인은 끊임없이 경제적인 궁핍에 관해서 이야기하고 생각하고 그림을 그리고 있어요. 마음은 상상하는 그대로를 만들어내는 역할을 하지요. 생각하고 상상하는 습관을 바꾸세요."

그 부인은 이번만큼은 순순히 내 말에 따랐고, 날마다 풍성한 결과에 대해 상상하는 습관을 들이기 시작했다. 그리고 이내 그 상상의 결과를 경험할 수 있게 되었다.

그녀의 마음가짐은 완전히 변하여 균형 잡힌 사고방식을 지닌 부자가 될 수 있었다. 무엇보다 중요한 것은 늘 경제적인 고민거리만 늘어놓고 다녀 기피 대상이었던 사람이, 주변 사람들에게 호감을 주는 '푸근한 사람'으로 변했다는 사실이다.

만약 부자가 되기 위해서 다른 사람의 것을 억지로 빼앗아 와야 한다면, 상상력이 정신력일 뿐이라는 그 부인의 의견에 나도 동의할 수 있다.

그러나 우리는 결코 남의 것을 빼앗아 와야 한다고 상상할 필요가 없다. 다른 사람이 소유하고 있는 것은 결코 내 것이 될 수 없기 때문이다. 우리는 우리 것으로 예정된 것을 찾아오는 것뿐이다. 그것이 바로 신이 우리를 위해 베풀어놓은 섭리이다.

이기적으로 상상하지 말라

다른 사람이 받은 축복을 탐내서는 안 된다. 남이 가진 축복을 내 것으로 만든다 해도 결코 그것이 만족을 주지는 않기 때문이다. 다른 사람의 소유인 것은 결코 나의 필요를 충족시키지 못한다. 내가 갖고 싶은 것을 남이 가졌다고 해서, 탐내거나 억지로 빼앗으려 하지 말고 상상도 하지 말라. 나의 마음을 사로잡는 타인의 소유물은 단지, 비슷한 것이 나에게도 준비돼 있고 나도 그것을 가질 수 있다는 의미로만 이용해야 한다.

상상력은 이기적으로 사용하지만 않는다면 아무 위험이 없다. 다만 그것을 이기적으로 사용할 때, 즉 남에게서 억지로 빼앗아 오려고 할 때, 우리는 어려움에 빠지게 되는 것이다.

내가 겪기 싫은 일을 타인이 겪는 것을 상상해서도 안 된다. 우리가 마음에 그린 이미지는 반드시 우리 자신에게 돌아오게 돼 있기 때문이다. 자신을 위해 상상할 때와 마찬가지로 타인을 위해서도 건강과 부, 행복을 상상하라.

나는 바람난 남편 때문에 고통 받고 있는 부인들과 대화하면서 놀라운 사실을 발견하게 되었다. 즉 "남편이 다른 여자한테 한눈을 판다"고 상상한 이후에 실제로 그런 일이 일어난 경우가 많았다는 것이다.

어떤 부인은 신혼 때부터 남편이 무려 세 번이나 외도를 하여 마음 고생이 컸는데, "그가 바람나면 어떻게 하지?" 하고 결혼 초부터 상상하던 버릇이 현실이 되었음을 그때서야 깨닫기도 했다.

우리는 자신과 주변 사람들을 위해서, 섣불리 상상력을 발휘해서는 안 된다. 상상한 그것이 현실이 될 수 있기 때문이다.

타인을 향해서는 좋은 것만 상상하여 실제로도 좋은 것만을 줄 수 있도록 노력해야 한다. 상상이 건설적인 것이냐 파괴적인 것이냐에 따라 실제 인생이 달라질 수 있기 때문이다.

진정으로 열망하는 것을 상상하라

"그랬으면 좋겠다" 정도로 생각하지 말고, 정확하게

진정으로 원하는 것을 상상해야 한다. 의지와 이성에 연연하지 말고, 진정으로 원하는 것에 집중하는 적극적인 상상력을 발휘하라. 대충대충 상상한다면, 그런 정도의 결과만 얻게 될 것이다.

사람은 자기가 상상하는 대로 변해가게 돼 있고, 끊임없는 상상은 무엇이든 변화시키고 창조하는 능력을 발휘한다. 이것은 절대 부인할 수 없는 분명한 사실이다!

부의 법칙

6 꿈의 실현을 명령하라

열망하는 목표와 실현 계획을 작성하고, 그 결과를 상상력을 발휘하여 마음속에 그림으로 그렸다면, 이제 상상한 그대로 되라고 명령할 차례이다.

이 명령의 법칙은 '지배권'을 얻기 위한 것이다. '명령한다'는 말은 '권위를 갖는다' 또는 '컨트롤한다'는 뜻이다. 이 법칙을 적용함으로써 부로 가는 길을 장악할 수 있다.

많은 사람들이 인생은 험한 산과 같아서 자기 능력으

로는 결코 정복하지 못한다고 생각한다. 명령의 법칙은 우리를 그 산의 정상으로 옮겨다주어 당당한 자신감을 갖고 세상을 내려다볼 수 있게 만들어준다.

명령의 법칙이란 반드시 부를 이루겠다고 긍정적으로 '다짐'하고 '선언'하는 것이다. 그렇게 함으로써 목표를 이루는 데 필요한 모든 과정이 신속하고도 원활하게 진행된다. 내가 세운 원대한 목표와 기대 수준이 현실화될 것을 믿고 과감하게 명령함으로써, 성공의 문을 활짝 열어젖히는 것이다.

명령의 법칙은 사실 가장 쉬운 방법 중의 하나이다. 무엇을 열망하는지 목록을 만들고 마음속으로 그 실현을 상상하고 난 다음, 실제로 이루어지라고 다짐하고 선언하면 되는 것이다.

말을 통해 명령한다

사실 우리는 매일매일 이 명령의 원리를 사용하고 있다. 다만 주로 부정적인 쪽으로 사용함으로써 원치 않은 결과만을 낳는 게 탈이다.

어떤 사람이 오른팔이 너무 아픈데다 마비 증상까지 반복되자 병원을 찾아갔다. 의사는 팔에 아무런 이상이 없다고 진단을 내렸지만, 그 후에도 오른팔의 통증은 가시지 않았다. 그러던 어느 날 그는 '말의 위력'에 대해 배울 기회를 갖게 됐다. 그리고 평소에 자주 쓰던 말버릇을 떠올리게 되었다.

"……만 하게 된다면, 내 오른팔이라도 내놓겠어."

그는 즉시 이런 언어 습관을 중단했고, 팔은 점점 회복되었다.

성공학을 배우는 사람들은 늘 말의 위력에 대해 귀가 아프게 듣는다.

이집트와 인도, 페르시아, 중국, 티베트의 종교 지도자들도 건설적인 방향에서 할 말이 있을 때만 입을 열라고 가르쳐왔다. 생각 없이 뱉는 말이 얼마나 위험한지 잘 알고 있기에, 과연 입을 열어도 좋은지 따져보는 기준까지 만들었다.

"그것이 정말 사실인가? 애정을 담고 있나? 꼭 필요한 말인가?"

만약에 그 말이 사실이되 애정을 담고 있지 않다면, 절대 입을 열 필요가 없다.

경제적인 어려움에 빠진 수백 명의 사람들과 상담을 하면서, 나는 중요한 사실을 깨달을 수 있었다. 상담자의 99퍼센트가 명령의 원리를 이해하고 실천하고 나서야 문제를 해결할 수 있었다는 것이다.

매일 의도적으로 원하는 목표를 자신 있게 다짐하고 선언해보자. 선포한 내용은 곧 현실로 다가온다.

소리내어 다짐하는 것은 일종의 명령이다

다짐이란 일종의 명령이다. 매일 소리내어 다짐하는 습관이야말로 명령의 원리를 실현시키는 가장 간단한 방법임을 이미 많은 성공자들이 증명하고 있다.

다짐하는 습관이야말로 부를 불러오는 가장 쉬운 방법인데도, 많은 사람들이 그 사실을 믿지 못하고 더 어려운 길만을 고집하고 있다.

원치 않는 것만 이야기하지 말고, 원하는 그것을 다짐하고 끊임없이 선언하라. 선포한 내용은 곧 현실이 될 것이다.

말을 통해 나의 세계를 만든다

말의 위력을 절대 과소평가해서는 안 된다. 내가 하는 말을 통해 나의 세상을 만드는 것이다. 알력과 결핍, 한계, 곤궁에 대한 말들로 만들어놓은 당신의 세계가 마음에 들지 않는다면, 다짐과 선언을 통해 평소의 언어 습관을 바꾸면 된다. 그렇게 함으로써 무한한 부의 세상을 건설할 수 있다.

내가 진행하는 강좌에 참석하는 사람들은, 부자가 될 수 있는 가장 쉽고 빠른 방법 중 하나가 명령의 법칙이라는 것을 귀가 따갑도록 듣는다. 그리고 자신의 열망을 반드시 실현시킬 것임을 소리내어 다짐하되, 하루에 세 번씩 5분간 되풀이해야 한다. 큰 소리로 말할 만한 상황이 안 된다면, 12번씩 글로 쓰는 과정을 반복해야 한다.

부 강좌의 수강생들이 주로 다짐하는 내용은 다음과 같다.

"나는 세상의 모든 사람들 중에서 가장 선량하고 훌륭한 사람들만을 만나고 싶다. 그리고 지금 그런 사람들을 내 앞으로 끌어들이고 있다."(여기서 사람이란 말을 각자 직업에 맞게 고객이나 의뢰인, 환자 등으로 바꾸어 쓸 수 있다).

어떤 세일즈맨은 이 선언문을 사용함으로써 진정으로 상품 구매 의도를 가진 사람들만 자신에게 끌어들일 수 있었다고 증언했다. 뿐만 아니라 매일매일 소리내어 다짐함으로써 이전에 실패했던 상품들까지 판매할 수 있었다고 한다.

또 다른 여성 세일즈맨의 성공 사례도 있다. 그녀는

몇 달 동안 매일 15분씩 이 선언문을 활용한 결과, 회사에서 가장 실적을 많이 올리는 세일즈맨이 될 수 있었다. 단기간에 4만 4천 달러어치의 상품을 판매한 공으로 사장에게 상까지 받았다. 같은 기간에 3만 달러어치 이상을 판매한 세일즈맨은 3명에 불과했다고 한다. 게다가 그녀가 속한 코너는 저가(低價) 상품을 취급하고 있었기 때문에 다른 직원들에 비해 더 많은 실적을 올려야 하는 처지였다.

부 강좌의 수강생들이 매우 효과가 있다고 평가하는 또 다른 선언문이 있다.

"세상의 모든 사람과 사물이 지금 나를 부로 이끌고 있고, 나도 모든 사람과 사물을 부로 이끌고 있다."

철도 회사의 기능공은 이렇게 소리내어 다짐함으로써 결정적인 도움을 얻었다고 털어놓았다. 그는 상관에게 다른 기능공들이 모두 실패한 어느 기차의 엔진을 고쳐 놓으라는 지시를 받았다고 한다. 솜씨 좋은 기술자들도 번번이 실패했다는 말을 전해 듣고, 처음에는 몹시 걱정이 되었다.

그러나 바로 그때 명령의 원리를 떠올리게 되었다. 그는 엔진을 고치러 가기 전에 조용한 곳을 찾아 들어갔다. 그리고 지갑에서 다음의 글이 적힌 쪽지를 꺼내서 몇 번이고 되풀이해서 선언했다.

"나는 사랑하는 하나님의 자녀이며 그러므로 나는 하나님의 지혜를 가진 사람이다. 그 지혜가 지금 나를 정의와 평화 그리고 진정한 성공으로 이끌어주고 있다."

그렇게 글의 의미를 깊이 새기며 마음 가득히 자신감을 채워넣고 있을 때, 몇몇 동료들이 지나다가 그 광경을 보았다.

동료들이 무엇을 하고 있느냐고 묻자, 그는 엔진을 고치기 위해 '계획'을 짜는 중이라고 대답했다. 그리고 일터로 돌아간 그는 말썽 많던 엔진을 고쳐놓는 데 성공했다. 깜짝 놀란 동료들은 아까 세우고 있던 '계획'이 무엇인지 알려달라고 몹시 졸라댔다고 한다.

소리내어 다짐하면 반드시 만족스러운 결과를 만난다

매일 의도적으로 다짐하고 명령하는 습관을 실천하는 사람치고 인생을 망친 사람을 지금껏 본 적이 없다. 자신의 목표를 말로 다짐하고 선언하는 습관을 매일 지키고도 진정한 성공을 이루지 못했다는 사람도 나는 알지 못한다.

부 강좌를 진행하다 보면, 성공에 관한 이론이란 이론

은 죄다 꿰고 있는 사람들을 만나곤 한다. 그러나 그런 이론의 실제 효력을 증명한 사람은 거의 없었다.

많은 사람들은 성공에 대한 확신을 매일 명백한 언어로 표현하는 일을 품위가 떨어지는 행동이라고 여긴다. 그러나 경제적인 궁핍과 빚더미 속에서 사는 것이야말로 더더욱 품위를 떨어뜨리는 일임을 알아야 한다.

포장도로를 걸을 것인지 흙먼지 이는 맨땅을 걸을 것인지, 우리는 스스로 선택할 수 있다. 명령의 원리는 우리로 하여금 포장도로, 곧 성공을 향한 왕도(王道)를 걸을 수 있게 해준다.

물론 대놓고 부와 성공을 소리내어 말한다는 것이 겸연쩍고 비정상적으로 느껴질 수도 있을 것이다. 그러나 가난과 실패에서 부와 성공을 향한 사고 습관으로 바꾸고 싶다면 반드시 실천해야 한다.

소리내어 다짐할 때 기적이 일어난다

어떤 임신부가 분만실에 들어가서 사용할 긍정적인 선언문을 만들어달라고 부탁해왔다. 특별히 문제가 있는 것은 아니지만, 산모 나이가 40세였고 수년간 아이를 낳아보지 않았기 때문에 잘못될 가능성도 많았다.

"나에게는 충분한 힘과 건강이 있다. 나는 기쁜 마음으로 아무 말 없이 아기를 순산할 것이다."

분만이 시작되자 그녀는 이 말을 몇 번이고 되풀이했다. 정상적인 분만 과정을 거치고 있었지만, 큰 고통을 느끼지는 않는 상태였다.

그런데 갑자기 의사가 아기 위치가 거꾸로 돼 있어 자연 분만이 어려울 것 같다고 알려주었다. 그녀는 두려워하지 않고 다짐을 되풀이했다. 잠시 후 의사는 아기가 위치를 바꾸고 있다며, 몇 분 후부터는 정상 분만이 가능할 것이라고 말했다. 그리고 마침내 그녀는 건강한 아기를 낳을 수 있었다.

다른 사람과 함께 다짐해보자

적어도 한 명 이상, 명령의 위력을 공감하고 함께 사용할 사람이 있어야 한다. 특히 자신이 내린 명령이 즉시 이루어지지 않는 상황이라면 더욱 그래야 한다. 물론 서로의 생각에 동의하고, 성취하고자 노력하는 대상에 공감하는 사람이어야 한다.

나도 직원들과 함께 다양한 문제에 접할 때마다 이 명령의 원리를 사용하고 있다. 비서하고는 그날 하루 일과를 무사히 마치겠다고 소리내어 선언한다. 회계 담당자하고는 교회의 재정 문제가 잘 해결될 것을 선언하곤 한다. 교회의 임직원들도 나와 함께 당면한 교회 일이 잘 풀릴 것임을 소리내어 다짐할 때가 많다.

이처럼 함께 공동의 목표를 향해 성공을 명령함으로써 우리는 늘 만족스러운 결과를 맞이하고 있다.

다짐하는 내용을 글로 적어라

소리내어 다짐할 만한 상황이 아니라면 그 내용을 글로 적되 계속 반복해서 쓰면 된다. 성공한 기업가이자 작가이며 강연까지 펼치고 있는 한 사람이, 바로 이 명령의 원리를 적용하고 있다고 내게 털어놓았다.

처음에 그는 매우 불만족스러운 일을 하고 있었다. 그래서 더 많은 보수를 받을 수 있는 분야로 전직하고 싶어했으며, 자유롭게 집필하고 강연하고 여행도 할 수 있기를 바랐다. 당시 그는 매우 야위고 건강 상태도 좋지 않았다. 아내와 사이가 나빠 가정 불화까지 겪고 있었으니 삶이 전반적으로 개선될 필요가 있었다.

그는 명령의 원리를 적용하면 그 모든 상황을 바꿀 수 있다고 믿었다. 그러나 가족들이 그의 제안에 관심을 보이지 않았기 때문에 혼자 조용히 그 원리를 적용해야겠다고 결심했다.

매일 밤 그는 깨끗하게 깎은 연필과 종이를 들고 조용히 혼자만의 공간으로 들어갔다. 거기서 미리 준비해놓은 글을 쓰고 또 쓰면서 마음에 새겼다. 그가 작성한 선언문은 건강과 부, 행복에 관한 것이었다.

어느 날은 동업자와 마찰을 빚어 매우 심란한 하루를 보내게 되었다. 그날 밤 그는 문제가 긍정적으로 해결될 것이라는 글을 수백 번이나 썼다.

“이 일로 인해 나는 결코 낙망하지 않는다. 반드시 이겨낼 것이다. 나는 꼭 행복과 부와 건강을 누리게 될 것이다.”

잠자리에 들기 전에도 그는 나지막하게 되뇌었다.

“인생에 득이 되는 좋은 일들만 나에게 일어난다.”

그런데 다음날 아침 일찍 동업자가 전화를 걸어왔다. 그리고 그가 가진 지분을 사고 싶다고 밝혔다. 두 사람은 서로 만족할 만한 합의를 보았고, 거래는 쉽게 성사되었다.

그때부터 그는 자신과 가족을 위해 더 나은 삶을 설계하기 시작했다. 건강은 곧 개선되었고 몸에도 살이 붙어 오히려 다이어트를 해야 할 정도가 되었다. 아내는 결혼 전에 하던 일을 다시 시작한 이후 활기를 되찾았고 부부

사이도 회복되었다.

간단한 선언문을 작성함으로써 그는 건강과 부와 행복까지 되찾을 수 있었다. 바라는 내용을 수백 번씩 글로 옮긴 결과, 그 모든 일들이 가능해진 것이다.

건강을 다짐하라

내 친구는 명령의 원리를 적용하여 건강을 되찾았다. 앞으로 3개월밖에 살 수 없다는 의사의 진단은 그 부부에게 마른하늘에 날벼락 같은 소식이었다. 그러나 친구의 남편은 우리 몸이 사고의 습관에 민감하게 반응한다는 사실을 잘 알고 있었다.

그는 병원에서 돌아온 직후 아내에게 이렇게 말했다.

"당신은 방금 의사에게서 3개월 시한부 진단을 받았어. 그걸 받아들이면 당신은 죽을 수밖에 없지. 하지만 그 사실을 부인하면 얼마든지 살 수 있어. 그러니까 살고 싶으면, 당신은 두 가지를 반드시 지켜야 해. 첫째, 당신의 상태나 병원 진단에 대해 이야기하는 걸 중단하기로 하지. 그건 이미 지나간 일이야, 잊어버리자고. 둘째, 당신은 삶에 대해서만 생각하고, 삶을 다짐하고, 삶을 기대해야 해."

그리고 또 한 가지, 매일 명령의 원리를 적용해보자고 제안했다.

"신이 내게 주신 건강이 내 안에 지금도 살아 있고, 앞으로도 계속 살아 있을 것이다."

그녀는 이 간단한 문장을 반복하여 다짐하기 시작했고, 하루에도 몇 번씩 그 말이 떠오를 정도로 잠재의식에 깊이 새겼다.

친구나 이웃들이 찾아오면, 남편은 항상 이렇게 말하곤 했다.

"우리는 아내의 몸 상태나 의사 말에 대해서는 더 이상 얘기하지 않아요. 그 문제는 이미 끝난 얘기예요. 아내는 지금 건강을 누리고 있답니다."

그것이 22년 전의 이야기이다. 내 친구는 그때부터 지금까지 병색을 보인 적이 한 번도 없었다!

부를 이야기하는데 왜 난데없이 치유에 관한 이야기를 하느냐고 의아해하는 사람들이 있을지도 모른다.

이 책에서 말하는 '부'란, 누구든지 원하는 목표를 달성하고 성공적인 인생을 산다는 뜻이다. 즉 내가 말하는 부라는 것은, 인생에 있어서 조화와 균형을 이룬 삶을 의미한다. 건강을 잃으면 전부를 잃는 것이나 마찬가지인 것이다. 정신학계와 심리학계에서도 마음이 신체에 지대한 영향을 끼친다는 데 의견의 일치를 보이고 있다.

다짐의 위력

어느 대학에서 강의를 하던 무렵, 나는 상담하러 찾아온 사람들에게 주로 가르쳐주는 몇 가지 선언문을 학생들에게 보여주었다. 열두 가지의 다양한 문구들은, 갖가지 문제 상황에 맞춰 작성해놓은 것들이었다.

강의를 마치면서, 학생들에게 선언문을 나누어줄 테니 원한다면 주의 깊게 음미하고 실제로 적용해보라고 권했다. 그러자 학생들이 몰려나와 너도 나도 선언문을 집어가는 바람에 잠시 정신이 멍해질 정도였다. 그중 한 학생은 오후에 있을 시험에 대비해 다짐할 글귀를 만들어달라고 부탁하기도 했다.

"오늘 시험에서 나는 공부한 내용을 최대한 기억해낼 것이다. 그리고 기억한 모든 내용을 최대한 완벽하게 작성해서 제출할 것이다."

어느 사업가는 나를 직접 찾아와, 소리내어 다짐하는 습관이 가져다준 놀라운 성과에 대해 들려주었다.

다짐의 위력이 나를 살렸습니다. 여섯 달 전 당신의 강연에 참석하여 명령의 원리를 듣기 전까지, 나는 사실 자살을 생각하고 있었지요.

처음에 그 얘기를 들었을 때는 별로 내키지 않았지만,

당시 경제적으로나 가정적으로 좌절에 빠져 있던 터라 일단 한번 적용해보기로 했습니다. 그리고 그 습관을 실천한 덕분에 나는 다시 정상에 다가서고 있습니다. 명령의 원리는 정말 효력이 있었던 겁니다!

몇 주 전에는 여섯 달 전의 나처럼, 몹시 힘든 상황에 처해 있는 친구를 만났는데 그가 나한테 그러더군요.

"도대체 내가 뭘 어찌해야 할지 모르겠어. 죽고 싶은 생각만 들어. 자네가 가진 행복, 낙천성, 자신감을 내가 가질 수 있다면 얼마나 좋겠나."

나는 이렇게 대답했습니다.

"몇 달 전에는 나도 자네처럼 이야기하고 있었네만, 이제 소리내서 다짐하는 습관을 배우고 그 내용에 따라 생각하고 행동하고 있지. 그래서 지금 나는 수렁에서 빠져나와 성공의 길을 다시 걷고 있다네."

그리고 좌절한 친구에게 내가 성공에 도달하는 데 도움을 주었던 그 선언문을 쥐어주었습니다. 약간 황당해하는 것 같기는 했지만 고맙게 받더군요. 그리고 최근에 그 친구를 다시 만나게 되었는데, 활짝 웃는 얼굴로 이렇게 말했습니다.

"그 선언문 덕분이야. 나도 이제 수렁에서 빠져나왔어. 몇 마디 말이 인생을 송두리째 바꿔버릴 거라고는 생각지 못했네. 하지만 지금 나는 틀림없이 변해가고 있어."

목표를 향해 매일 소리내서 다짐하고 명령하는 수고를 치러야 우리는 풍성한 부를 손에 넣을 수 있다. 사고 습관을 바꾸고 성공을 향한 지름길을 걷게 해주는 것으로, 이보다 더 쉽고 즐거운 방법은 없다.

이제 우리는 부를 위한 창조적인 원리 세 단계를 모두 마쳤다. 첫째, 진정으로 원하는 목표와 계획을 글로 적어야 한다. 둘째, 그 성공적인 결말을 상상력을 발휘하여 마음속에 그린다. 셋째, 대담하게 그리고 의도적으로 목표가 실현될 수 있다고 다짐하고 명령해야 한다.

이 간단한 과정을 실천하고 꾸준히 반복한다면 거세게 밀어닥치는 부의 물줄기를 결코 막을 수 없을 것이다.

부의 법칙

7 타인의 성공을 빌어줘라

이번 장에서 소개하는 부의 원리를 배우고 나면, 우리는 진정한 '부의 사상가'로서 풍요로운 삶을 시작할 수 있을 것이다.

타인의 성공을 빌어주는 것은 사실 쉽고도 유쾌한 일이다. 주변의 모든 사람들이 풍성한 부를 누리기를 바라면 되는 것이다. 즉 자기 자신과 다른 사람에 대해 생각할 때 부와 번영, 성공과 승리가 주된 생각이 되어야 한다는 말이다.

편지나 전화, 대면 등 사람들과 접촉할 때 우리의 생각은 언제나 부에 집중되어야 한다. 타인을 향해 풍성한 부의 마음가짐을 갖는다면, 그들이 실제 그렇게 될 수 있도록 가장 결정적으로 돕는 것이 된다.

타인의 부를 빌어줄 때 내 인생도 바뀐다

교도소에 수감중이던 어떤 사람이 자신의 처지에서나마 최대한 타인의 부를 빌어주자고 결심했다. 그는 모범수로 선정되어 가끔씩 전화 통화를 할 수 있도록 허락을 받았는데, 가끔 내게도 전화를 걸어 자신의 상황을 알려주었다.

그러던 어느 날 그는 매우 흥분해서 전화를 걸어왔다. 교도관 사무실에 에어컨이 필요하다는 것을 알고, 매일 꼭 그렇게 되기를 상상하고 다짐했다고 한다. 교도관들이 대부분 친절한 사람들이라 그들이 편안하고 만족스럽게 근무하도록 도와주고 싶었기 때문이다. 그리고 마침내 사무실에 에어컨을 설치하게 되었다며 몹시 기뻐하는 것이었다.

물론 죄수가 된 것이 자랑스러운 일은 아니지만, 그 안에서 부의 사고 습관을 익히게 되었으니 그의 인생에는 전화위복이 되었다고 할 수 있을 것이다.

대기업의 대출 담당 매니저로 일하던 어떤 사람도 이 원리를 이용하여 놀라운 성공을 거둘 수 있었다. 작년에 그는 미국 남부 전역에 퍼져 있던 회사의 대출금을 모두 거둬들이는 대기록을 세웠다고 한다. 그중에는 어떤 사원도 성공하지 못한 만년 골칫덩이 고객도 포함돼 있었다. 워낙 만만치 않은 액수를 빚지고 있던 터라 본사에서 간부 사원까지 파견하는 지경이었다.

본사 임원과 대출금 상환을 위해 떠나기 전, 그는 이렇게 말했다고 한다.

"우리가 대출금을 회수할 수 있는 단 한 가지 방법은, 친절하고 정중하며 긍정적으로 대화하는 것입니다. 고객의 마음속에 우리의 믿음을 심어줘야 합니다. 즉 그가 회사에 약속했던 금액을 전부 갚을 수 있다고, 우리가 믿고 있음을 알려주어야 하는 것입니다. 비난은 우리에게 아무것도 가져다주지 못합니다."

그리하여 그들은 고객과 대화를 나눌 때, 고객에 대한 신뢰와 빚을 갚을 수 있을 거라는 격려를 담아 말을 해주었다. 그 결과, 며칠 후 그 고객이 직접 찾아와 대출금의 일부를 내놓았다.

"당신들이 찾아왔을 때 사실 나는 너무나 절망한 상태였지요. 만약 나를 비난했다면 변호사를 찾아가 파산 선고를 신청했을 겁니다. 하지만 당신은 내게 너무나 친절하고 긍정적으로 대해주었고, 사업이 회생할 수 있다는 믿음을 심어주었습니다. 당신의 말이 내게 용기를 주었고, 이제 내게도 희망이 보이기 시작했답니다."

말하는 습관도 주의해야 한다

모든 사람들이 더 나은 의식주와 외모, 지식, 직장, 여가 등 모든 분야에서 '더 나은 것'을 원하고 있다. 그것은 인간으로서 갖는 당연한 욕망이자 권리이므로 함부로 무시하거나 억압하려고 해서는 안 된다.

우리는 평소 말하는 습관을 부정적인 방향보다는 긍정적인 '발전'의 방향으로 고정시킬 필요가 있다. 다른 사람을 헐뜯고 비난하고 흠잡을 때, 자신에게 똑같은 일을 불러들이기 십상이다. 그러므로 자신과 다른 사람들에게 부정적인 생각과 말을 던지는 것은 시간 낭비에 지나지 않는다.

우리가 내뱉은 말과 행동 그리고 생각은 빵 반죽이 부풀듯이 몇 배로 불어나 결국 우리 자신에게 돌아오게 돼 있다. 그러므로 자신을 향해서건 타인을 향해서건 긍정적으로 말하는 습관을 가져야 한다. 부정적이고 비관적인 언어 습관은 그에 상응하는 현실만을 불러온다.

어느 퇴역 장교가 최근에 내게 이런 말을 했다.

"당신이 몇 년 전에 저한테 얼마나 큰 도움을 주었는지 모르실 겁니다. 깊은 좌절감에 빠져 자살 직전까지 갔던 때였지요. 그때 당신이 던진 몇 마디가 제 생각을 돌이키고 인생을 바꾸어놓았습니다."

그 말을 듣고 기억을 되짚어보니, 내가 그 사람에게 했던 말이 떠올랐다.

"선생님은 인생을 다시 시작하기에 아직 늦지 않으셨어요. 과거에 성공해보았으니까 다시 또 성공할 수 있습니다. 성공에 필요한 자질을 이미 갖추고 계시므로 새 출발은 얼마든지 가능합니다."

어느 가정주부는 남편이 퇴근할 때마다 긍정적인 말을 던짐으로써 마침내 그를 경제적인 위기 상황에서 구해낼 수 있었다.

"여보, 이렇게 말해봐요. 오늘 일어난 일은 모두 우리한테 유리한 일이다."

대화할 때도 가능하면 상대방의 성공을 격려하는 쪽으로 이끌어가는 게 좋다. 앞서 실패를 경험한 사람이라면, 현재의 좋은 점을 강조하여 성공할 수 있도록 용기를 심어주는 것이 좋다. 그렇게 말하는 것은 상대방이 부에 도달하도록 힘을 보탤 뿐만 아니라, 우리 자신의 성공을 위해서도 든든한 기반을 쌓는 작업이 된다.

긍정적인 사고 습관을 유지하라

자신을 위해서는 반드시 긍정적인 사고 습관을 유지해야 한다. 앞으로 더 큰 성공을 거둘 것이고, 다른 사람들도 그렇게 되도록 돕겠다는 마음을 갖는 게 중요하다. 우리의 모든 행동과 목소리 톤, 표정은 성공을 기약하는 확실한 보증 수표이다.

굳이 사람들에게 내가 꼭 성공할 것이라고 노골적으로 말할 필요는 없다. 먼저 내 마음에 성공에 대한 확신이 뿌리내리도록 하는 게 중요하다. 그렇게 할 때 우리 마음속의 확신이 외부로 '발산'되어 타인의 잠재의식에 전달된다. 아마도 사람들은 우리가 '발산'한 부와 성공의 에너지에 영향을 받게 되어 사업이나 거래 등 모든 방면에서 우리와 접촉하기를 원할 것이다.

마음속으로 부와 성공을 확신하며 차분하게 일에 임할 때, 전에는 알지 못하던 부의 마음가짐을 가진 사람들이 우리 주변으로 몰려들 것이다. 그들은 우리의 고객이 되고 사업 동료가 되고 친구가 된다.

그럼으로써 우리의 사업은 확장되고 실적은 늘어나며

삶은 더욱 풍요로워진다.

사람들은 무의식적으로 풍요로운 에너지가 넘치는 곳을 찾아가게 돼 있기 때문이다.

다른 사람의 부를 빌어주고 조용히 기다려보라. 그들 스스로 우리에게 이끌려, 우리 역시 풍요롭게 만들어줄 것이다.

궁핍에 대한 대화를 삼가라

부에 관한 것이 아니면, 말하지 말고 행동하지 말고 생각하지도 말라. 사람들로 하여금 부가 아니라면 그 어떤 말도 꺼내지 못하도록 하라. 부의 사고 습관과 반대되는 내용이라면 어떤 책도 읽지 말아야 한다. 부에 관한 사고 습관에 실패에 대한 사고가 섞이게 되면, 성공을 향한 우리의 노력도 해이해지게 된다. 영원히 부를 누리고 싶다면 과감하게 결단을 내려야 한다!

부정적인 대화가 어떤 결과를 초래하는지, 어느 여성 판매원의 사례를 소개하고자 한다. 그녀가 일하는 회사에는 끊임없이 결핍과 불경기, 곤궁에 대해 이야기하는 동료가 있었다. 그 동료는 판매 실적도 변변치 못해 고민하는 처지였다.

그런데도 그는 평소 부의 사고 습관을 키우기는커녕, 점심 시간 내내 자신과 비슷한 부정적인 생각을 하는 사람과 어울려 돌아다니곤 했다. 그리고 회사로 돌아와서는 "상점마다 가보았는데 죄다 최악이야. 아무도 뭘 사려고 들지 않는대!" 하고 말하기 일쑤였다.

반면 내가 아는 여성 판매원은 부정적인 생각과 언어를 받아들이려 하지 않았다. 부의 사고 습관이 얼마나 큰 위력을 발휘하는지 잘 알고 있었기 때문이다. 그녀는 점점 더 많은 실적을 올렸고 그에 따라 성과금도 점점 더 인상되었다.

그렇다면 그녀의 불평꾼 동료는 어떻게 됐을까? 어느 날 상관에게 불려가더니 파트타임 근무로 강등 배치되었다. 사고 습관이 곧 현실을 만들어낸다는 것을 바로 그 동료가 증명해낸 것이다. 부정적인 방향으로 말이다.

실패 앞에서 좌절하지 말라

더 큰 성공을 향해 열심히 노력했건만 실패했을 때, 그래도 실망하지 말아야 한다. 주변에서 당신의 능력을 비웃거나 일찌감치 포기하라고 설득하려고 해도 다음의 사실을 명심하기 바란다.

"사람들이 하는 대로 따라 하는 것은 쉽지만, 아무런 이득이 없다. 반면 부의 사고 습관을 실천하는 것은 쉬운 일이 아니지만, 그럴 만한 보람이 충분히 있다. 풍요로운 수확을 만들어내기 때문이다."

어느 출판사의 편집인은 내게 이런 말을 하곤 했다.

"기억해요, 캐서린. 다수의 의견이라 해도 틀릴 때가 많은 거예요!"

기대하는 때에 기대하는 어떤 일이 이뤄지지 않는다 해도 그것을 실패라고 여기지 말라. 오히려 훨씬 더 좋은 결과가 다가오고 있는 중이며, 가장 좋은 때에 그 결과가 드러나리라고 확신해야 한다.

우리의 목표가 실패한 것처럼 보일 때 오히려 기대치를 높이도록 하자. 처음 예상한 것보다 훨씬 더 큰 결과가 다가올 것이다.

실패는 더 크게 성공하기 위한 준비 단계일 뿐이다. 그러므로 실패란 승리를 향한 기초 공사와 같은 것이다!

조급해 하지 말라

서두를 필요는 없다. 매일 성공을 향한 언어와 사고의 습관을 실천해나가면 된다. 최대한 침착하게 실천하라.

조급해 하는 그 순간, 부의 사고 습관은 정지되고 두려움을 갖게 된다. 두려움은 곧 실패의 서막이다.

어떤 사람은 너무 과로했다 싶으면, 잠시 손에서 일을 놓는다고 한다. 커피 한 잔을 마시며 휴식을 취하면서 평정을 되찾는 것이다. 그런 연후에는 일을 훨씬 더 능률적으로 하게 된다고 한다.

"부에 대해서는 아무도 관심 없고 대부분 부정적인 생각을 가진 사람들뿐인데, 내가 어떻게 긍정적인 습관을 지속시킬 수가 있겠어?"

이렇게 말하는 사람이 있을지도 모른다.

변호사 사무실에서 비서로 일하던 시절 나도 비슷한 경험을 한 적이 있다. 그러나 그때 분명히 깨달은 사실은, 부의 사고 습관을 가진 한 사람이, 조급하게 갈팡질팡하는 사람들 한 소대보다 더 많은 능력을 발휘한다는 점이었다.

옹졸하게 행동하지 말라

나를 부당하게 대하는 사람이라 할지라도 악의를 품지 말자. 그것은 시간을 낭비할 뿐이다. 성공을 향해 달려가다 보면, 그렇게 살아가는 사람들도 만날 수 있다.

그들은 당신을 자신들과 같은 수준으로 끌어내리려 할 것이다.

그러나 그들이 한 말이나 행동에 상처받기를 거부한다면 그들은 결코 목적을 이룰 수 없다. 나 자신을 제외하고는 어느 누구도 나의 성공과 부를 빼앗아갈 수 없는 것이다.

누군가가 당신을 추월하려고 시도하고 또 추월한 것처럼 보인다면, 성공은 우리 앞에 영원히 문을 열어놓고 있으며, 부를 이룰 수 있는 방법 역시 무한하다는 사실을 명심하기 바란다. 한쪽 문이 닫히면 더 크고 멋진 문이 우리 앞에 열릴 것임을 알아야 한다.

조금밖에 열려 있지 않은 문에 억지로 몸을 끼워 넣으려고 하지는 말라. 닫히도록 내버려둬라. 그리고 우리 앞에 활짝 열리려고 하는 새로운 문에 다가갈 준비를 하자.

타인의 성공을 질투하거나 타인의 행운에 앙심을 품는 옹졸함은 버려야 한다. 또한 부의 사고 습관을 적용해 성공을 향해 다가서려고 노력할 때, 당신을 무시하고 끌어내리려고 하는 사람들 앞에서 기죽거나 좌절할 필요는 없다.

그것은 당신이 성공에 도달할 것임을 그들이 먼저 알아차렸다는 명백한 증거에 불과하다. 그들이 상처 입히는 것은 당신이 아니라 그들 자신일 뿐이다. 그런 경우에는 심호흡을 하고 성공이 이제 임박했음에 감사하는 마음을 갖자.

누군가 당신을 헐뜯고 깎아내리려 한다면, 그것을 오히려 칭찬으로 여겨라. 자기들이 갖고 있지 못한 것을 당신이 갖고 있기 때문에, 어떻게 해서든지 그 반대되는 면을 찾아내려고 하는 심리 작용일 뿐이다.

실패와 결핍이 아닌 부와 성공을 향한 긍정적인 마음가짐을 유지해야 한다. 부유해질 것을 기대하고 오직 그런 쪽으로만 생각하고 말해야 한다. 마음속에 부의 이미지를 확고하게 새겨 넣으면, 그것은 곧 현실이 된다.

부의 법칙

8 돈에 대한 모순된 생각을 버려라

"당신도 백만장자가 될 수 있다."

"백만장자가 될 수 있는 기회는 생각하는 것보다 훨씬 많다."

성공학에 관련된 책들을 보면 이런 주장을 많이 찾아볼 수 있다.

괄목할 만한 성공을 이룬 사람들의 생애와 업적을 연구해보면, 그들 대부분이 돈에 대해 우호적인 태도를 지니고 있음을 알 수 있다. 반면 대부분의 사람들이 갖고 있는 돈과 부에 대한 자세는 상당히 왜곡돼 있는 게 사실이다.

어느 병원의 신축 건물을 위한 모금 행사에 초대받은 적이 있었다. 그 자리에서 병원의 한 임원은 모금에 참여한 데 대한 감사의 뜻으로 이렇게 말했다.

"돈이 중요한 것이 아닙니다. 새 건물 공사에 대해 보여주신 여러분의 관심과 사랑에 저는 감사드리고 싶습니다."

나는 그 말을 듣고 이상한 기분이 들었다.

"돈이 중요하지 않다면 구태여 왜 이런 자리를 마련한 거지? 여기 있는 사람들도 아예 이곳에 모이지 말고, 병원 신축을 축하한다는 인사만 전하면 되지 않았을까? 저렇게 유능하고 똑똑한 사람이 정말 그러한 사실을 모르는 걸까?"

그 임원은 틀림없이 어린 시절부터 "돈을 멀리하라"는 모순적인 가르침을 듣고 자랐을 것이다.

사람들이 하는 말을 가만히 들어보면, 돈에 대해 대부분 모순적인 태도를 취하고 있음을 알 수 있다. 아무렇지도 않게 돈의 중요성을 깎아내리면서도 그 돈을 더 많이 벌기 위해 열심히 일하고 있는 것이다.

그러면서도 자신의 생각이 그렇게 모순돼 있음을 깨닫지 못하고 있다. 돈에 대한 그러한 태도는 모순된 목표를 갖게 하고, 모순된 결과까지 불러올 수 있다.

돈이란 신성한 것

나는 목사가 된 후 처음으로 돈의 중요성을 강조하던 때를 잊을 수가 없다. 돈이란 신성하고 소중한 것이라고 선포하자, 앞줄에 앉아 있던 어느 부인이 하마터면 의자에서 굴러 떨어질 뻔했던 것이다.

"돈은 하나님의 선함이 표현된 것이기에 신성한 것입니다" 하고 말하자, 그 부인은 얼마나 충격을 받았던지 금방이라도 기절할 것처럼 보였다. 그녀는 부와 성공에 관심이 있어 내 강연을 찾은 사람이었다. 그런데 내가 부의 한 형태로 돈에 관해 언급하자 너무나 큰 충격을 받은 것이었다.

강연을 마치자 교회의 임직원 한 사람이 다가와 이렇게 말했다.

"돈이 신성하다니 너무 과격한 표현을 하신 게 아닐까요? 아까 그 부인은 졸도 직전이었어요. 아마 다시는 찾아오지 않을 겁니다."

"내 말에 그 부인이 충격을 받았다면, 틀림없이 돈에 대해 낡고 왜곡된 고정관념에 사로잡혀 있었기 때문일 거예요. 우리 교회에 다시 오지 않는다면 안타까운 일이지만 어쩔 수 없어요."

내가 부의 원리를 널리 알리는 목적은, 사람들을 실패와 가난과 기타 모든 결핍에서 벗어날 수 있게 하려는 것이다. 그렇기에 그 부인이 충격을 받고 다시는 강연에 참석하지 않는다 해도 내 생각을 꺾을 수는 없었다.

그런데 놀랍게도 다음 강연 날, 그 부인은 또 맨 앞줄에 앉아 있었다. 변화가 있다면 강단 쪽으로 의자를 바짝 당겨 앉아, 부에 대한 충격적인 진실을 기대하고 있었다는 점이다.

그리하여 강연에 몇 차례 참석한 뒤, 그녀는 부에 관해 나름대로 확고한 입장을 가질 수 있게 되었다. 그리고 얼마 후 나를 찾아오더니 처음 강연에 참가했을 때 경제적인 면만이 아니라 모든 생활이 비참한 지경이었다고 털어놓았다.

남편이 그녀를 떠났고 아이들은 반항하기 시작했으며, 의사는 신경 쇠약이 위험 수위에 달했다고 진단했다. 좋은 직장에 다니고는 있었지만 번 돈을 순식간에 써버렸고, 동료들과도 사이가 좋지 못해 법정 소송까지 벌이는 중이었다.

그러나 부와 성공에 관한 새로운 생각을 갖기 시작한 지 한두 주쯤 지나자, 마음가짐이 달라지고 생활도 달라지기 시작했다. 남편이 가정으로 돌아오고 아이들과도 화목한 관계를 회복했다. 더 이상 신경 쇠약 증세를 보이지 않았으며 소송 문제도 원만하게 해결되었다. 그리고 새 직장에서도 만족과 기쁨을 찾기 시작했다.

그 모든 변화는 그녀가 과감하게 돈에 관한 생각을 바꾸기로 결심한 날 밤부터 시작된 것이었다.

사람들은 어떻게 하면 돈을 더 벌 수 있을까 궁리한다. 돈을 벌어들이는 능력은, 돈에 대한 태도가 긍정적이고 호의적일 때에 증가하게 돼 있다. 마이크 토드는 이렇게 말한 바 있다.

"나는 결코 가난해지지 않았다. 파산했을 뿐이다. 가난해진다는 것은 마음에서 비롯된다. 파산은 일시적인 상황일 뿐이다."

돈에 대한 감사가 부를 불러온다

어떤 사람은 돈을 필요악이라고 여기는 모호한 태도에서 벗어난 이후 월급을 단 며칠 만에 써버리는 나쁜 습관을 버리고, 이제는 계획을 세워 쓰고 있다고 털어놓았다. 돈에 대한 태도를 바꾼 사람들이 대부분 경험하는 일이다.

또 다른 여성은 이렇게 증언했다.

"'그건 그냥 돈일 뿐이야' 하고 말하는 습관을 중단하자 정말 놀라운 일들을 경험할 수 있었어요. 돈을 무시하는 대신 감사하는 마음을 가진 이후, 더 많은 보수에 더 나은 환경을 갖춘 새 직장에 들어갈 수 있었답니다. 지금의 일과 보수에 아주 만족하고 있어요."

더 나은 경제적 환경을 만들기 위해서 돈에 대해 호의적인 태도를 갖는 게 왜 중요하다는 것인지, 사실 의아해 하는 사람들도 있을 것이다. 그 이유는 만고불변의 진리인 발산과 흡수의 법칙이 바로 돈에도 적용되기 때문이다.

즉 우리가 존중하는 것은 우리에게 다가오게 돼 있고, 경멸하는 것은 우리를 배척하게 돼 있다. 돈도 그 원리대로 작용한다. 돈에 대해 호의적인 생각을 가지면 돈은 계속해서 불어난다. 반면 내가 가진 돈이든 남의 돈이든, 돈을 경멸하고 무시한다면 그것은 결국 우리 품에서 돈을 밀어내는 것과 같다.

우리 인생에 발산과 흡수의 원리는 한 치의 착오도 없이 정확하게 작용한다. 돈에 대해 올바른 마음가짐을 가질 때 경제력 또한 증가한다. 반면 조급해 하거나 왜곡된 태도를 지닌다면, 돈을 벌어들이기는커녕 만사가 제대로 풀릴 수 없다.

우리의 생각이 우리의 세계를 만든다. 그렇기 때문에 돈을 귀중히 여기는 태도를 지녀야 하는 것이다. 그렇게 하면 돈 역시 그에 대한 답례로 우리에게 이끌리게 돼 있다.

경제적인 문제로 고민하는 수백 명의 사람들과 대화를 나누면서, 나는 한 가지 분명한 사실을 알 수 있었다. 그들이 필요로 하는 만큼의 충분한 돈을 갖지 못하는 이유는, 자신의 문제든 타인의 문제든 경제적인 문제에 있어서 돈을 경멸하고 무시하는 습관이 있기 때문이라는 것이다.

모든 면에서 '낙오자'가 된 사람과 대화를 나눈 적이 있었다. 실직 상태에 건강까지 몹시 나빠진 그는 지독한 외로움에 시달리고 있었다. 그와 이야기하면서 나는 마음가짐이 그처럼 비참한 상황을 안겨주었음을 인식시키려고 노력했다.

처음에 그는 자신의 인생이 얼마나 험난했는지, 얼마나 지독한 환경과 사람들과 사건에 시달려야 했는지를 늘어놓았다. 심지어 나랏돈을 흥청망청 써댄다며 워싱턴의 정치인들까지 한데 묶어 비난했다.

나는 건강과 행복과 부를 원한다면 모든 사람들과 환경, 하물며 정치인들을 향해서도 마음가짐을 바꿔보라고 최대한 부드럽게 달래보았다. 마침내 그는 내 설득에

못 이겨서 부를 향한 사고 습관을 실천해보기로 마음먹게 되었다.

그리고 몇 달 후에 그가 다시 찾아왔을 때, 나는 하마터면 그를 알아보지 못할 뻔했다. 외모가 너무나 말끔하게 바뀌어 있었기 때문이다. 그는 그 사이 있었던 일을 말해주었다.

추운 겨울날 내 사무실에서 상담을 마치고 나간 그는 하숙집을 향해서 무작정 걸었다. 버스를 탈 돈도 없었기 때문이었다. 걸으면서 내내 부의 사고 습관에 대해 생각하던 그는, 집에 도착할 무렵 이유 없이 아프던 몸이 말짱해졌음을 깨달았다. 그리고 그날 밤 몇 달 만에 처음으로 깊은 잠을 잘 수 있었다고 했다.

그가 매일 부의 사고 습관을 사용하기 시작하자 놀라운 일들이 일어나기 시작했다. 완전히 건강을 되찾았고 새로운 일자리도 생긴 것이다. 그리고 하숙집에서 한 여인을 만나게 되었다. 자신처럼 몸도 좋지 않고 경제적으로도 궁핍한 처지에 있던 여성이었다.

그는 자신에게 큰 힘이 돼주었던 부의 원리를 그녀에게도 알려주었다. 그러자 그녀의 인생관도 서서히 바뀌어가기 시작했다. 두 사람은 비관하기보다는 감사하는 마음을 갖게 되었고, 둘 사이에도 어느덧 서로에게 고마워하는 마음이 싹트기 시작했다.

그리고 두 번째 나를 찾아왔을 때, 그는 결혼하게 되었다며 그 여인을 직접 소개해주었다.

그는 나를 만나기 전까지는 늘 돈을 무시하고 돈 가진 사람들을 경멸했다고 고백했다. 그리고 이제 그러한 사고 습관이 얼마나 심각한 결과를 불러왔는지 깨달았다고 했다.

인생에서 필요를 충족시킬 만큼 충분한 돈을 갖지 못하는 이유는 대부분 돈에 대해 감사하는 마음이 없기 때문이다.

부의 황금률

돈을 좀 가졌다고 자만하거나 돈이 없다고 다른 사람을 시기해서는 안 된다. 발산과 흡수의 원리에 따라 세상살이가 진행됨을 알아야 한다. 즉 마음속의 가장 지배적인 생각이 곧 현실이 된다는 사실을 명심해야 하는 것이다. 그것은 또한 부의 황금률이기도 하다.

그러므로 누구에게나 충분한 몫이 예비돼 있음을 믿어야 한다. 또한 누가 유산을 상속받았다든가 큰 행운을 거머쥐었다든가 부자가 되었다는 말을 들었을 때, 기뻐하고 축하해줄 줄 알아야 한다.

돈에 대해 긍정적이고 감사하는 태도를 가질 때만이 우리는 돈의 노예가 아닌 돈의 주인이 될 수 있는 것이다.

"하나님이 그들에게 복을 주시며 그들에게 이르시되 생육하고 번성하여 땅에 충만하라, 땅을 정복하라, 바다의 고기와 공중의 새와 땅에 움직이는 모든 생물을 다스리라 하시니라."

창세기에 기록된 대로 우리는 세상의 만물을 지배하기 위해 이 세상에 태어난 것이므로, 결코 돈에 속박되어서는 안 된다. 의도적으로 돈을 귀히 여기는 습관을 키워야 하며, 여기에는 어떤 변명도 있을 수 없다.

돈에 대한 잘못된 태도들

돈에 대한 그릇된 태도는 그릇된 결과를 불러들일 뿐이다. 존 D. 록펠러 주니어는 돈의 용도에 대해 이렇게 말했다.

"배고픔을 채우고, 병든 자를 치료하고, 사막에 꽃을 피우고, 아름다움에 생명을 주기 위해 사람들은 돈을 사용하는 것이다."

한 편집인은 세계 평화에 기여하는 돈의 위력을 지적하면서, 몇몇 나라에 경제적인 평화를 일궈낸 공로를 들어 세계은행 총재에게 노벨 평화상을 수여해야 한다고 말하기도 했다. 그는 이렇게 말을 맺었다.

"돈을 적절하게 사용한다면 세계 평화에 큰 역할을 할 수 있지 않겠는가?"

여기서 돈을 귀히 여기라는 말은 자기 품에 꼭꼭 감추어두는 인색함을 뜻하는 게 아니다.

어떤 부자가 성당에서 은화를 동전으로 착각하고 헌금 바구니에 넣었다. 그는 곧 실수를 알아차리고 돌려달라고 했지만, 신부는 한 번 헌금한 돈은 되찾아갈 수 없다며 거절했다.

그러자 부자는 투덜대며 이렇게 말했다.

"쳇, 나중에 천국에서 은화 값을 받겠지."

그 말에 신부가 고개를 저었다.

"아니, 그렇지 않아요. 동전 값만 받으실 겁니다."

돈은 자꾸만 퍼져나가려는 확장에 대한 욕구가 강해서 움켜쥐고 있는 것을 좋아하지 않는다. 사실 돈이 활발하게 돌고 돌아야 사회가 번창할 수 있다. 불경기와 경기 후퇴는 탐욕스러운 돈의 축적에서 기인한다. 국가 경제가 활발한 돈의 순환에 달려 있는 것과 마찬가지로, 개인의 부도 활발한 돈의 순환에 달려 있다. 이는 저축을 하지 말라는 얘기가 아니라 돈을 오용해서는 안 된다는 뜻이다.

경제적인 어려움을 과장하는 것도 현명하지 못한 태도이다. 경제적인 어려움을 일부러 늘어놓으려고 한다면(실제로 그렇게 함으로써 동정과 관심을 얻으려고 하는 사람들도 있다), 늘어놓을 상황만 계속 만나게 될 것이다.

증권 거래를 통해 부를 쌓은 어느 사업가는, 초창기에 많이 투자하고 많이 손해본 경험이 있었다고 털어놓았다. 어떤 거래에서는 20만 달러를 한꺼번에 잃기도 했다. 그러나 그러한 손실에 대해 한 번도 사람들 앞에서, 심지어 아내에게조차 이야기하지 않았다고 한다.

그는 막대한 손실을 통해서 오히려 교훈을 배웠고, 그럼으로써 손해를 벌충하고도 남는 수입을 다시 벌어들일 수 있었다. 그리고 오늘날까지도 그는 초창기의 쓰디쓴 경험을 함부로 늘어놓지 않았다.

현재 경제적으로 어려운 형편에 있다면 다음과 같이 소리내어 다짐해보자.

"이 어려움은 다 지나갈 것이다. 나는 그 사실을 분명히 믿고 있다."

그렇게 하면 성공에 대한 원대한 희망을 더욱 굳세게 유지해나갈 수 있을 것이다.

만약 다른 사람이나 단체를 도와주는 입장이라면, 마지못해 또는 아까운 마음으로 주어서는 안 된다. 그러한 자세는 오히려 경제적인 궁핍과 종속을 가져올 뿐이다. "그들이 부유해지는 데 내가 한몫을 한다"는 생각으로 도와주자. 자녀나 상사, 교회, 상점 등 모든 분야에 이러한 마음가짐을 적용해보라. 주는 사람과 받는 사람 모두의 마음을 풍요롭게 할 것이다.

반대로 돈을 받는 입장일 때도 마찬가지이다. 품위 있게 돈을 받는 것도 부유해지는 한 방법이다.

"오, 꼭 그럴 필요는 없어요. 됐어요. 됐어요."

이런 태도는 주는 사람과 그가 주는 돈까지 모욕하는 것이다. 따라서 강제로 받아내는 게 아니라면 기쁘게 받도록 하자.

단 이런 마음가짐을 가져서는 안 되는 경우가 딱 하나 있다. 뇌물을 주려 하거나 돈을 통해 일종의 구속을 하려고 들 때는 단호하게 "노"라고 해야 한다.

목표를 분명히 할 때 돈을 벌 수 있다

고대의 어떤 종교에는 '돈 만드는 방법'이란 게 있었다고 한다. 그 비술(秘術)을 배우는 특혜를 받은 사람들이 제일 먼저 하는 일은, 돈을 얼마나 원하는지 구체적으로 마음속에 그림을 그리는 것이었다.

정확한 액수를 정한 다음 그것을 마음속에 새기고 확신해야 하는데, 마치 그것이 현실이 된 것처럼 느낄 정도가 되어야 한다. 그리고 마지막으로 신을 향해 원하는 그대로 이루게 해달라고 명령하는 것이다.

"내게 그것을 달라!"

이 명령이 실현될 때까지 매일매일 반복한다.

물론 고대의 허황된 전설에 불과하지만 부의 원리와 일맥상통하는 부분이 분명히 있다. 우리 마음은 대단한 능력을 가지고 있기 때문에, 고대인들이 그랬던 것처럼 풍부한 돈을 요구할 만한 권리와 특권을 갖고 있다.

성공을 거둔 많은 사람들이 의식적으로든 무의식적으로든, 바로 이 방법을 사용하고 있다. 원하는 돈의 양을 마음속에 그리고 확신하기, 이것은 분명한 효과가 있는 방법이다.

명확한 생각은 명확한 결과를 위해 길을 열어주게 돼 있다.

"그냥 밥 먹고 살면 되지."

이런 생각을 갖고 산다면 돈을 버는 능력도 제한받을 수밖에 없다. 이런 태도는 가난하게 살기로 작정한 것이나 다름없다.

돈은 부의 사고 습관을 사랑하며, 그것에 풍부하게 보답한다.

부의 법칙

9 부유해지기 위해서 일하라

노동이 부로 가는 가장 확실한 통로라면, 왜 진작부터 앞부분에서 다루지 않았을까 궁금해 하는 사람들이 있을지도 모른다.

세상에는 더 나은 삶을 살기 위해 매일 열심히 일하는 사람들이 가득하다. 그러나 그들 중 많은 수가 부와는 거리가 먼 삶을 살고 있다. 왜 그럴까? 성공과 부에 대해서는 생각하지 않고, 그저 일만 하는 경우가 대부분이기 때문이다.

아무리 힘들게 일한다 해도, 실패의 마음을 가진 사람들과 어울려 실패에 대한 이야기를 하고 오히려 성공의 사다리를 오르고 있는 사람들을 비난한다면, 성공과 부에서는 점점 더 멀어질 수밖에 없다.

현실에 부를 불러오려면 먼저 마음을 움직여야 한다. 그러므로 부와 성공을 이루고, 나아가 지속적인 만족을 느끼며 살기 위해서는 먼저 마음가짐을 가다듬어야 한다. 그리고 이를 이루려면 앞에 나온 부의 원리들이 꼭 필요하다.

마음가짐이 차이를 만든다

취직하는 회사마다 번번이 해고당하거나 사직할 수밖에 없었던 한 여성이 있었다. 빚이 많았기 때문에 직업은 꼭 구해야 하는 처지였다. 비즈니스 스쿨을 비롯해 두 개 대학에서 학위를 받는 등 교육도 잘 받았고, 누가 보아도 직장에 적응하지 못할 타입은 아니었다.

그러나 그녀와 조금이라도 가까워진 사람들은 그녀가 온 세상, 특히 이전 직장의 상사들에 대해 은근히 불만을 품고 있음을 알 수 있었다. 또한 그녀가 '절망적인 경제 상황'에 대해 끊임없이 동정을 구한다는 사실도 알 수 있었다.

진정 부를 원한다면 마음가짐부터 바꿔야 한다고 권하자 그녀는 대뜸 화부터 냈다. 편견과 불평, 실패의 마음가짐을 전혀 인정하려고 들지 않았다. 결국 자기 주변을 온통 어두운 비관으로 가득 채워, 자신을 도우려던 사람들까지 모두 밀어내는 결과를 빚고 말았다. 마음이 온통 적대감으로 뭉쳐져 있으니, 직장도 사람도 세상도 불만스러운 게 이상한 일은 아니었다.

그와는 반대로 부와 승리의 마음가짐을 통해 만족스러운 결과를 얻은 여성도 있다. 사실 그녀가 가진 조건만 따지고 본다면, 긍정적인 사고 습관을 가질 만한 이유를 찾을 수 없을 정도이다.

50세의 나이에 자식도 일가친척도 하나 없는 외로운 미망인 신세였고, 경제적으로도 쪼들리는 형편이었다. 그러나 그녀는 자신의 불운한 처지를 실패에 대한 구실로 삼지 않았다. 그 대신 행복하고 성공한 사람의 인생을 살기로 선택했다. 대담하게도 그녀가 부의 수단으로 선택한 직업은, 남들이 웬만해서는 피하려고 하는 분야였다. 바로 묘지 터를 파는 일이었기 때문이다! 그럼에도 그녀는 높은 실적을 올렸으며, 나날이 일에 자신감과 보람을 느꼈다. 사실 묘지 문제라면 사람들은 될 수 있는 한 나중으로 미뤄놓고 싶어하는데도 말이다.

고객을 설득하는 데 온 열정을 다 바친 결과, 현재 그녀는 편안하고 안락한 나날을 보내고 있다. 넓은 집에서 친구들을 자주 초대해 즐거운 시간을 보내기도 하고, 교회나 문화에 관련된 활동을 하기도 하고, 다른 나라로 여행을 다니기도 한다. 사람들이 대부분 꺼리는 그 일이 그녀에게만큼은 신성한 일이었던 것이다.

일은 신성한 것

'일'이라는 말은 사람들마다 생각하는 의미가 다를 것이다. 사전을 찾아보면 한 페이지의 절반을 차지할 정도로 장황하게 정의돼 있다. 부의 사상가에게 일이란 신성하고 숭고한 것이어야 한다. 칼릴 지브란은 '사랑이 가시화된 것이 일'이라고 했다.

일이 신성하고 숭고하며 재능과 능력을 표현하는 방편이라는 사실에 공감하지 않는 사람들도 많을 것이다. 지금 하는 일이 신성하지 않아 보일 수도 있다. 또한 거기에는 타당한 이유가 있을 것이다. 그러면 이제 그 원인과 결과를 따져보도록 하자.

윌리엄 제임스는 우리 중에서 90퍼센트는 자기 정신력의 10퍼센트밖에 활용하지 못한다고 기술한 바 있다. 심리학계에서도 인간이란 창조적인 에너지의 발전소라고 정의한다.

누구나 일터에서 보람과 부를 얻기를 열망한다. 그것은 곧 인간의 창조적 에너지가 활용되기를 열망한다는 의미이다. 창조적 에너지가 표출될 수 있는 출구를 찾으면 인간은 만족감을 느끼고, 자신의 일이 신성하다고 생각하게 된다.

그러나 그 출구를 찾지 못하면 창조적인 에너지는 극히 제한되어, 그저 그렇게 시간 때우기 식으로 살아가게 된다. 그럴 때 인간은 불행을 느끼며 일은 곧 저주라고 생각하게 된다.

많은 사람들이 성공의 사다리 맨 밑을 빙빙 돌며 현재 자신이 하고 있는 일에 불만을 느끼고 살아간다. 사다리 맨 밑에 남아 있느냐 한 단계씩 올라가느냐를 결정하는 것은, 일에 대한 마음가짐과 태도이다.

불만을 어떻게 해결할 것인가

불만이 긍정적인 역할을 할 수도 있다. 불만스러운 현 상황을 벗어나 더 나은 곳으로 옮겨가고자 열망하게 함으로써 적극적인 행동을 유도하는 경우가 그렇다. 그럼

불만스러운 지금의 위치에서 벗어나려면, 어떤 준비를 어떻게 하는 것이 좋을까? 먼저 마음속에 구체적인 목표를 가지고 있어야 한다.

야간 강좌를 듣거나 독서 모임에 참가하거나 자격증 시험을 준비하는 등, 더 큰 성공을 향한 준비 과정에 지금 적극적으로 참여하고 있는가? 대부분의 사람들은 그렇게 하지 않는다.

많은 사람들이 일과 동료, 상사 등 자기가 속한 세상에 대한 비난을 늘어놓는 데 많은 시간을 허비한다. 다른 사람들을 헐뜯음으로써 자신의 실패와 좌절이 감추어질 수 있다고 믿는다. 만약 그렇게 하고 싶은 유혹을 느낀다면 생각을 바꾸기 바란다.

정치에 관련된 일을 하는 사장 밑에서 비서로 일하는 어떤 여성이, 직장에서 겪은 부당한 일을 털어놓으며 상담을 한 일이 있다. 자기보다 나이가 훨씬 적은 직원이, 사장이 주도하는 선거 운동 부서에 배치됐다는 것이다. 그녀는 자기만이 그 일을 할 자격이 있다고 믿고 있었다. 그 일이 매우 재미있고 매력적인 데 반해 자신이 맡은 임무는 힘들고 단조롭다는 것이다.

그러나 상담을 마친 후 불평과 좌절에서 자유와 부로 마음가짐을 바꾸자 상황은 바뀌기 시작했다. 문제의 그 직원이 사직하고, 고참으로서 그녀가 자기 일이라 믿던 그 일을 맡을 수 있게 되었던 것이다.

목표가 정해졌다면 그것을 향해 온 에너지를 집중해야 한다. 특정 결과를 향해 건설적으로 에너지를 집중한다면 불필요한 반대 요소들은 도태되게 마련이다. 어떻게 살기를 바라는지에 생각을 집중하면 옹졸한 생각이나 격한 성질, 파괴적인 감정, 실망과 실패는 우리 인생에서 설 자리를 잃게 된다.

마음속에서 변화가 이루어지지 않으면 현실에서도 발전이 있을 수 없다. 생각의 발전이 인생의 모든 경험을 좌우하기 때문이다.

좌절과 경제적인 궁핍, 불만과 불안, 그 어떤 것도 우리가 꿈꾸는 풍요와 부, 마음속에 그려놓은 성공의 이미지를 빼앗아가지 못한다.

해답은 있다

단순한 기술직에 있다가 바라던 직위로 승진한 어떤 엔지니어는, 부의 사고 습관을 적용함으로써 그토록 희망하던 일을 현실로 만들 수 있었다고 털어놓았다. 마음속으로 그날이 오기만을 늘 꿈꿔왔다는 것이다.

만족스럽지 않은 일을 하면서도 꿈에 그리던 일을 하

게 된 데에는 그만의 독특한 방법이 큰 역할을 했다. 조그마한 수첩을 사서 성공과 부에 관련된 생각이 떠오를 때마다 기록하는 방법이었다.

그러한 방법이 그의 생각을 발전시키고 평정과 침착성을 유지하게 했으며, 불만스러운 일에 직면해서도 용기를 잃지 않게 해주었다. 그런 노력의 결과 마침내 인생의 대망이 이루어졌던 것이다.

하루를 시작할 때 그가 제일 먼저 하는 일은, 수첩을 열고 거기에 적어둔 생각들을 마음에 새기는 것이었다.

"오늘은 좋은 날이다. 나에게는 오늘 하루 내내 유익하고 좋은 일들만 생길 것이다!"

그리고 그날 있을 다양한 활동을 생각하면서 이렇게 다짐했다.

"나를 위해 준비된 완벽한 일들이 오늘도 나를 기다리고 있다."

실망스럽고 분통 터지는 일을 당할 때에는 "아무것도 나를 이기지 못해. 완벽하고 올바른 결과가 즉시 나타날 것을 믿는다"라고 선언했다.

하루를 마칠 때에는 이렇게 내일을 준비했다.

"나는 이제부터 편안한 잠에 빠진다. 오늘 하루를 무사히 보낸 것에 감사드린다. 나는 편안히 쉬고 내일 다시 활기차게 일할 수 있는 충분한 힘을 얻을 것이다."

변화를 기대하라

불만스러운 직업이나 환경을 놓고 불평만 한다면, 실망과 실패를 다른 사람 탓으로 돌린다면, 발전이란 결코 있을 수 없다. 현재 처한 상황에 대해 불굴의 자세를 취하고, 모든 상황이 이미 개선돼가고 있음을 확신해야 한다. 만사가 그 자리에 그대로 정체돼 있는 것 같을 때, 간단한 물리학의 원리를 기억하자. 우리 오감(五感)이 느끼지 못하는 사이에도 온 우주는 끊임없이 움직이고 있다는 원리 말이다. 정체돼 있는 것은 아무것도 없으며, 그렇게 보이든 그렇지 않든 간에 만사는 끊임없이 변화하고 있다. 변화를 기대하면, 반드시 이루어진다.

눈에는 보이지 않아도 변화가 진행되고 있음을 안다면, 바로 그런 시간을 보내고 있다면, 꿈을 너무 높이 잡은 건 아닐까 하는 쓸데없는 걱정을 할 필요는 없다.

걱정 또는 의심이 일어날 때마다 성공한 사람을 의도적으로 생각하고 성공한 사람의 외모를 갖도록 노력하는 게 좋다. 그렇게 함으로써 자신은 물론 남들에게도 내가 성공하고 있음을 확신시킬 수 있다!

의심과 걱정을 극복한 사람은 실패도 정복할 수 있다. 그렇게 할 때 타인들 역시 내가 성공하고 있다고 생각할 것이다. 나의 성공에 대한 타인의 확신과 기대로부터도 분명한 이득을 거두게 될 것이고, 더불어 성공에는 더욱 더 가속도가 붙게 될 것이다.

비난에 연연하지 말라

성공의 사다리 맨 밑에 머물고 싶지 않으면, '빈곤 취향' 인 사람들과는 분명히 다르게 생각하고 행동하고 반응해야 한다. 대부분의 사람들처럼 질투와 옹졸한 비난에 사로잡히지 않고 과감하게 벗어나는 사람들을 위해서, 성공의 사다리 맨 위에는 빈자리가 얼마든지 준비돼 있다. 부정적인 생각에 끼어들고 싶고, 자신이 겪은 고통을 똑같이 갚아주고 싶은 유혹에 굴복해서는 안 된다.

분명한 사실 하나를 상기해보자. 우리가 사는 세상을 발전시키는 동인(動因)은, 어떤 상황에서도 건설적으로 생각하고 행동하는 사람이라는 것이다. 모든 인류는 그러한 건설적인 태도와 행동, 반응에 굶주려 있어 거기에 신속하게 반응한다.

대규모 법률 회사에서 일하는 두 명의 젊은 변호사를 통해서 나는 그 원리를 분명하게 확인할 수 있었다.

두 사람의 젊은 변호사 중 한 명은 낙관적인 사람이었다. 평소 칭찬을 아끼지 않았고, 만나는 모든 사람들에게 공손히 대했다. 그에게서 친절한 응대를 못 받는 사람은 거의 없을 정도였다. 남을 헐뜯거나 비난하는 일에 대해서는 도무지 모르는 사람인 것처럼 보였다.

또 한 사람의 젊은 변호사는 사실 앞서 말한 청년보다 능력이 뛰어난 사람이었다. 더 좋은 대학을 나왔고, 연봉도 더 많았다. 그래서 사람들은 그가 모든 면에서 앞서 가리라고 예상했다.

그러나 높은 연봉을 받는 이 변호사는 상당한 불평꾼이라서, 아무것도 그를 즐겁게 하지 못했다. 그는 모든 일에 만족하지 못하고 화를 냈다. 결국 그는 1년도 되지 못해 회사를 떠나야 하는 처지가 되었다.

그러나 또 한 사람의 변호사는 바로 그해에 승진하고 연봉도 인상되었다. 나중에는 회사의 어엿한 동업자로 승격되었다. 그 회사 역사상 그처럼 빨리 승진하고 연봉이 인상된 경우는 없었다고 한다.

이제부터가 시작이다

일이란 '놀이'가 가장 고도로 표현되는 형식이라고 한다. 일이 유쾌한 활동인지 힘든 노동인지는 우리 자신과 타인 그리고 세상에 대한 마음가짐에 달려 있다.

지금 어떤 상황에 처해 있든지 간에 과감하게 새로 출발해보자. 이제부터가 시작이다. 다음의 공식을 확신하고 실천한다면 자기를 표현하면서 일할 수 있을 것이다.

1. 인생이 어떻게 되었으면 하고 바라는지 그 내용을, 상상력을 동원하여 가능하면 자세하고 분명하게 마음속에 그린다.
2. 원하는 것을 마음속에 그린 다음에는, 그 소망을 발전시켜야 한다. 목표가 이미 현실화된 것처럼 생각하라. 원하는 결과를 마음으로 확신하고 소유함으로써 현실에서의 실현은 더욱 촉진된다.
3. 마음에 맞지 않는 일이라 하더라도 인내하고 노력해야 한다. 에머슨은 "만사에는 다 저마다의 값이 있고, 그 값을 치르지 않으면 그 어떤 것도 결코 손에 넣을 수 없다"라고 말했다. 인내하는 것은 곧 마음으로 값을 치르는 것이다. 그렇게 할 때 진정으로 원하는 것을 손에 쥘 수 있다.
4. 마음속으로는 진정 원하는 다른 일을 꿈꾸고 있다 해도, 현재 처한 상황에서는 꾸준히 최선을 다해야 한다. 나만 그대로 멈춰 서 있다고 조바심을 낼 필요는 없다. 이 책에서 부를 공부한다는 사실 자체가 당신의 삶이 변화하고 있다는 증거이다!

2부

BASIC PROPERITY LAWS

당신을 부자로 만들어주는 또다른 부의 법칙

THAT CAN BRING RICHES TO YOU

| 2부 들어가는 말 |

1960년대 초반 이 책을 쓰면서, 나는 주변 사람들의 변화에 몹시 당황해야 했다. 완성된 원고를 절반 정도 타이핑하던 무렵, 비서가 갑자기 일을 그만두겠다고 알려왔다. 원고를 타이핑하면서 그 안에 담긴 부의 원리를 깨닫고 실천하게 되었는데, 세일즈맨 남편이 높은 실적을 올리기 시작해 더 이상 자기까지 나서서 일할 필요가 없어졌다는 것이었다.

그래서 나머지 절반을 타이핑하기 위해 다른 비서를 고용했다. 그런데 그 비서마저 일을 다 마치기도 전에 그만두겠다고 나오는 것이었다. 일거리를 찾을 당시만 해도 남편이 실직 상태였는데, 이제 다른 주에서 훨씬 좋은 직장을 잡았기 때문에 이사를 가야 한다는 것이었다. 그녀는 원고에 담겨 있는 부의 원리가 자기 가족의 인생을 바꾸어놓았다고 믿고 있었다.

설상가상으로 가정부까지 일을 그만두겠다고 나왔다. 직접 원고를 읽은 적은 없었지만, 내가 한 장 한 장 집필해가면서 부의 원리를 들려주곤 했는데, 그러는 과정에서 영향을 받았다고 했다.

그리고 부의 원리를 적용한 후, 오랫동안 소망하기는 했지만 감히 용기를 내지 못했던 일을 시작하기로 결심했다며 옷을 만들어보겠다고 했다. 그러고는 내게 기발한 제안을 했다.

"가정부로서 퇴직하는 대신 당신의 의상 담당자로 고용해주지 않으시겠어요?"

그녀는 현재 의류업계에서 성공해 부자가 되어 있다.

놀라운 변화는 내게도 일어났다. 처음 이 책을 쓸 무렵, 나는 앨라배마의 단칸집에 살고 있었다. 그런데 부의 원리를 적용함으로써, 책의 전반부를 마칠 때에는 목사가 되어 사택에서 집필할 수 있었다. 원고에 포함된 부의 원리에 몰두함으로써 목사가 되겠다는 꿈을 드디어 이룰 수 있었던 것이다.

게다가 오스틴의 텍사스 대학에서 영문학을 가르치던 오랜 친구와 결혼까지 하게 되었다. 그 무렵 나는 백만장자들이 사는 고급 주택 단지가 한눈에 내려다보이는 아파트에서 이 책을 마무리짓고 있었다. 남편이 책의 마지막 교정 작업을 맡아주었는데, 이 책이 베스트셀러가 된 데는 그의 공이 크다고 믿고 있다.

물론 『부의 법칙』이 베스트셀러가 됨으로써 책의 탄생에 참여한 모든 이들도 드라마틱한 성공을 맛보게 되었다.

다양한 성공 사례

1962년 이 책이 처음 출간된 이후, 나는 곳곳의 독자들로부터 많은 편지를 받았다. 그 편지들을 통해 평범한 성과에서부터 기적에 가까운 일까지, 다양한 성공 사례들을 접할 수 있었다.

다음 내용은 부의 사고 습관이 이뤄낸 사례들 중에서 간단한 보기를 든 것이다.

결혼 : 미시간의 어떤 여성은 비참한 결혼 생활 끝에 고통스러운 이혼을 해야 했는데, 경제적으로나 신체적으로 또 정서적으로 상처만 남은 상태였다.

그러다가 친구들을 통해 부의 사고 습관을 알게 되었고, 그때부터 과거의 불행한 기억과 현재의 고통을 모두 벗어버릴 수 있었다. 마침내 새 인생을 시작할 수 있게 된 것이다. 그녀는 현재 미국의 유명한 가문 사람과 결혼해 살고 있다.

새 직장 : 애리조나의 어느 주부는 이런 편지를 보냈다.

"부의 사고 습관을 실천한 지 열흘도 되지 않아 남편이 예전 직장의 사장님한테서 새 일자리를 추천받았어요. 봉급하고 기타 수당까지 합치면 우리 수입은 5천 달러쯤으로 늘어난답니다. 게다가 실적에 따라 보너스도 받게 되고 일자리를 잃을 경우에는 실업 급여까지 받게 돼 있어요."

마술 같은 결과: "지난 6개월 동안 내가 부의 원리들을 치밀하게 실천에 옮긴 결과, 일종의 마술 같은 일들이 우리 가족에게 벌어지기 시작했습니다. 온갖 청구서를 다 해결하고도 돈이 남을 정도가 되었지요. 옛 친구들과의 우정도 다시 확인할 수 있었고요. 생각지도 않던 돈이 1만 달러나 생겼답니다. 이 믿어지지 않는 일들이 우리한테 계속 일어나고 있습니다."

우울증을 날려보내다: "부의 사고 습관은 제 인생에 놀라운 변화를 만들어놓았습니다. 그간 저를 괴롭히던 우울증이 순식간에 날아가버렸답니다. 초등학교 교사인 저는 학생들에게도 이 원리를 가르쳐주고 있습니다. 앞으로 아이들의 성장과 행복에 큰 역할을 하겠지요."

공산주의자의 전향: "책 한 권이 내 인생을 송두리째 바꿔놓으리라고는 짐작도 못했지요."
스리랑카의 어느 대학생이 보낸 편지였다.
"저는 21세의 대학생으로 지난 5년간 열렬한 공산주의자

였습니다. 칼 마르크스와 레닌 등이 쓴 책을 1백 권이 넘도록 읽어보았지만, 아무런 이득이 없었고 마음의 평화도 없었지요. 그러나 부의 사고 습관을 알게 된 뒤, 내가 가장 필요로 하던 것이 바로 그것이었음을 깨달았지요. 저는 이제 공산주의자가 아니고 앞으로도 그럴 일은 결코 없을 겁니다."

신속한 해결 : "부의 사고 습관을 실천하기 시작한 이후로, 해결하는 데 몇 년은 걸릴 것이라 예상했던 문제를 불과 몇 달 만에 깨끗하게 해결할 수 있었습니다."
오리건의 어느 사업가가 보낸 편지였다.

서아프리카 스터디 그룹의 사례 : "10년 전에 가까운 사람들과 모임을 만들어서, 매주 폰더 박사님의 부의 원리를 공부하고 실천하자고 다짐했지요. 우리는 지금까지 한 번도 그 모임을 쉬지 않았습니다. 여기에 우리가 거둔 성과를 짤막하게 소개할까 합니다. 영국 런던에서 진행하는 3개월 코스의 간부 교육생으로 차출된 사람이 있었지요. 그는 현재 연방사무소 간부로 일하고 있습니다. 마케팅 부매니저로 일하던 사람이 단기간에 그 회사의 임원으로 승진한 경우도 있지요. 지역 병원에서 방사선 기사로 일하던 어떤 사람은 현재 총감독으로 내정된 상태

입니다. 그리고 저는 아프리카에서 최고로 손꼽히는 은행에서 수석 비서가 되었답니다. 우리들은 빠른 속도로 발전을 이뤄낸 행복한 사람들이 되었습니다."

1958년의 극심한 불황기에 처음으로 부에 관한 강좌를 시작했을 때만 해도, 과연 우리 인생에 어떤 변화가 있을 것인지 감히 상상도 할 수 없었다. 그 간단한 원리가 얼마나 열광적인 반응을 얻을 것인지, 나를 포함해 온 세상 사람들의 인생을 얼마나 극적으로 바꾸어놓을지 짐작조차 할 수 없었다.

그러나 앞에서 말한 것처럼 『부의 법칙』의 성과는 참으로 놀라운 것이었다.

한 사업가는 내게 이런 편지를 보내왔다.

"요즈음 사람들은 식량난과 주택난 그리고 물가 상승으로 인한 자금난에 대해 끊임없이 불평을 해댑니다. 저 역시 사업을 하면서 오랫동안 바로 그 문제로 고생해야 했습니다. 그러나 부의 원리를 공부함으로써 드디어 성공을 거머쥐게 되었습니다. 나는 이제 생존하기 위해서가 아니라 부하기 위해 계획을 세웁니다."

이제 부의 기본 법칙과 더불어 남아 있는 또 다른 법칙까지 공부함으로써, 부로 가는 왕도를 더욱 탄탄대로로 만들어보자.

부의 법칙

10 사랑과 친절을 베풀라

한 사업가는 '가장 위대한 부의 원리는 사랑과 친절의 법칙'이라고 했다. 그리고 사랑을 통해 불화와 좌절을 극복한 사례를 내게 들려주었다.

그가 부유한 여성을 고객으로 두었을 때의 이야기다. 그 부인은 기분이 좋지 않을 때면 불평 섞인 편지나 전화로 그의 '불찰'을 따지고 들 때가 많았다.

그 여성 고객에 대한 그의 대응책은 호의를 베푸는 것이었다. 당시 그는 그 부인(또는 다른 고객)이 모욕적인 태도를 취하면, 그러한 '적대감'을 몰아낼 수 있는 특별한 대책을 만들어놓고 있었다. 변명을 하거나 앙갚음을 하는 대신, 조용히 몇 분간 자리에 앉아서 문제를 일으킨 사람을 떠올린 다음 좋은 방향으로 생각을 몰아가는 방법이었다.

그 효과가 빠르고도 분명하게 나타난다고 한다. 예를 들어 그가 애정과 친절을 담아서 상상력을 발휘한 지 채 한 시간도 지나지 않아, 그 성미 급한 부인이 먼저 전화를 걸어와 사과를 하곤 했던 것이다.

사업상의 거래에서 불화가 생길 때마다 그는 관련된 사람들을 마음속으로 하나하나 떠올리면서 축복을 해준다고 한다. 그리고 마음속으로 상황이 회복되는 광경을 상상한다. 그러면 마음이 차분하게 가라앉고 사람들 사이의 오해는 씻은 듯이 사라지며 성공적인 거래가 성사되곤 했다고 한다.

매일 하루를 시작하고 끝마칠 때 이 방법을 사용해보면 어떨까? 하루를 되돌아보며 그날 있었던 불쾌한 일들을 떠올리고 마음속으로 바로잡는 과정을 실천해보자.

관련된 모든 사람들을 의도적으로 사랑하고 이해하려고 노력할 때, 멀어졌던 사람들까지 당신을 향해 다가올 것이다.

하루를 시작할 때도 그날 계획한 일들을 하나하나 떠

올려가며 원활하고도 성공적으로 진행될 것이라고 상상해보자. 그렇게 할 때 부와 평화로 가는 길이 우리 앞에 열릴 것이다. 아침에 일어나자마자 성공적인 하루를 기대하고 상상한다면 그날 일을 망치는 경우는 거의 없을 것이다.

사랑은 능치 못할 일이 없다

부의 법칙을 얼마나 많이 알고 있든지 간에, 다른 사람들과 조화롭게 어울리지 못한다면 그 모든 지식도 아무런 소용이 없다.

경제적인 성공이란 자신의 능력 15퍼센트에 다른 사람들과 어울리는 능력 85퍼센트가 더해져 이루어지는 것이다. 이타적인 친절과 호의를 통해서 다른 사람들과 잘 어울리는 재능은 먼저 사랑이 있어야 가능하다.

사람들이 일자리를 잃는 이유가 무능력이나 게으름 아니면 정직하지 않기 때문이라고 생각하는가?

일선에 있는 인사 담당자들은, 실직자가 되는 원인의 3분의 2 이상이 '사람들하고 어울리지 못하기 때문'이라는 데 의견 일치를 보이고 있다. 자질이 부족해서 해고되는 경우는 단 10퍼센트에 불과하고 나머지는 모두 '인격적인 문제' 때문이었다고 한다.

친절과 호의를 베풀고 사람들과 잘 어울리는 붙임성이 가정에서나 일터에서나 지대한 영향력을 행사한다. 그러므로 아무리 교육과 훈련을 잘 받고 최대한의 노력을 기울인다 해도 사람과 어울릴 줄 모른다면 별 소용이 없는 것이다.

그런데 이타적인 호의와 친절도 사랑이 있어야 베풀 수 있다. 사랑은 능치 못할 것이 없다고 했다. 사랑은 온 세상과 만물을 하나로 화합시킨다. 사랑은 전 우주에서 작용하고 있는 모든 원리들을 조화롭게 하고 균형을 이루고 적응시키는 힘이다.

하버드 대학의 유명한 과학자들이 대학 내에 연구 센터를 설립하고 사랑의 위력에 관해 조사를 시작했다. 연구 결과 그들이 발견한 것은, 사랑이 인간에 의해 의도적으로 만들어질 수 있다는 사실이었다!

즉 사랑이란 우리가 의도적으로 노력해서 얼마든지 베풀 수 있는 것이다. 또한 그래야만 성공과 부를 우리 앞에 불러올 수 있다.

그렇다면 어떻게 해야 사랑을 만들어낼 수 있을까? 먼저 사랑은 사적이면서도 공적이라는 것을 알아야 한다. 사적인 측면에서 보자면 우리는 가족과 가까운 친구들을 위해 헌신과 애정, 친절, 찬성, 감사의 의미로 사랑을 만들어낼 수 있다.

공적인 측면에서 보면 사랑이란 다른 사람들과 어울리는 능력, 또는 개인적인 이해 여부에 관계 없이 다른 모든 사람들을 향해 친절을 베푸는 능력이다. 그런 의미에서 다음의 글을 소리내어 다짐해보자.

"이해 득실에 관계 없이 나는 모든 사람을 사랑하며 다른 사람들도 모두 나를 사랑한다."

과감하게 그리고 의도적으로 자기 자신을, 인생을, 직업을, 아주 사소한 일들까지도 사랑해야 한다. 특히 몸이 아프다면 그것까지도 사랑하자. 과감하게 "사랑해"라고 선언해보자. 어렵고 힘든 상황에 처해서도 대담하게 사랑을 베풀어보자.

사랑의 밝은 빛은 새로운 에너지, 마음의 평화, 능력과 지배력, 균형 감각 그리고 부와 조화를 선사할 것이다.

사랑은 반드시 승리한다

어떤 사람이 법정 싸움에 패소하여 경제적으로 몹시 쪼들리는 상황에 놓이게 되자 판결이 몹시 부당하다며 불평했다.

"세상에 정의란 없어."

이렇게 비통한 생각에 사로잡혀 있던 그는 결국 교회를 찾아가 상담을 해보기로 했다. 그는 목사로부터 사랑의 힘을 적용해야 하며 다음과 같이 선언해보라는 제안을 받았다.

"나는 사랑의 원리에 따라 살고 있고 사랑은 승리할 것이다."

또한 소송을 벌였던 상대방이 떠오를 때마다 다음과 같이 선언해보라는 권유도 받았다.

"당신은 사랑의 원리에 따라 살고 있고 사랑은 승리할 것이다."

그런 식으로 생각하기 시작하자 그는 소송에 대해 훨씬 홀가분한 기분을 느낄 수 있었다. 적대감과 분노, 옹졸한 승부욕이 사라지기 시작했다.

그러던 어느 날 법정 싸움을 벌이는 상대방에게 호의를 베풀어야 하는 예기치 않은 기회가 찾아왔다. 그는 눈 딱 감고 상대방의 편의를 보아주었는데 기분이 훨씬 더 좋아지는 것을 느낄 수 있었다. 또한 자신의 마음가짐이 계속 변화해감에 따라 상대방의 마음가짐도 변하고 있음을 알 수 있었다. 그리하여 결국 법정 문제도 원만하게 해결할 수 있게 되었다.

어떤 여성이 식당 겸 사탕 가게를 차렸는데 그 전에 두 번이나 참담한 실패를 본 자리였다. 그런데도 그녀는 대단한 성공을 거두었다. 어떻게 해서 다른 사람들이 연거푸 실패한 장소에서 그렇게 큰 성공을 거두었냐고 묻자, 그녀는 이렇게 대답했다.

"나는 고객들을 사랑하고 축복해주었을 뿐이에요. 고객들이 가게를 나설 때 꼭 다시 오시라고 인사하는 것뿐만 아니라, 그들의 성공과 행복을 위해 조용히 축복하며 기도했지요. 가게에 손님이 없으면, 유리창 너머로 지나가는 사람들을 사랑하는 마음으로 지켜본답니다."

뒤에서 밀어드릴게요, 사랑으로!

어떤 공무원이 사랑을 표현하는 자기만의 독특한 방법에 대해 알려주었다. 민원 부서에서 근무하는 그는 많은 사람들을 상대하며 불만 사항을 처리하는 일을 하고 있었다. 즉 그의 임무는 찾아온 사람들을 만족시켜주어야 하는 일이었다!

모든 사람들의 불만을 완벽하게 처리할 수 있는 사람은 세상에 없을 것이다. 그러나 그는 '사랑은 능치 못할 일이 없음'을 알고 있었다. 그래서 찾아온 사람들이 어떤 행동을 취하든 항상 미소를 짓고 대했다. 상대방이 무슨 말을 해도 그의 태도는 늘 깍듯하고 친절했다. 사실 그는 마음속으로 이렇게 다짐하고 있었다.

'하나님의 사랑이 나를 보호하고 있으니 만사가 다 잘 될 거야.'

그래서 그는 사람들이 돌아갈 때면 이렇게 인사하곤 했다.

"제가 뒤에서 밀어드릴게요, 사랑으로!"

과연 그런 말이 소용이 있었을까?

그의 증언에 의하면, 문제를 안고 찾아온 사람들이 그 말을 들으면 분명히 태도가 달라졌다고 한다.

얼마 후 나는 그가 얼마나 자기 일에 성공을 거두고 있는가를 간접적으로 알게 되었다. 사업가인 친구가 어느 날 이렇게 말하는 것이었다.

"블랙 씨의 비결이 뭔지 정말 알고 싶어. 늘 그렇게 만족스럽고 침착해보이는데, 사실 그가 하는 일은 이 도시에서 제일 까다로운 일일 텐데 말이야."

그의 성공 비결을 들은 대로 알려주었더니 내 친구는 깜짝 놀라며 자기도 한번 해봐야겠다고 대답했다.

공적인 면에서 사랑을 표현하라

그러나 가족간이 아니라면 "사랑해요!"라는 말은 함

부로 쓰지 않는 게 좋다. 사람들은 대부분 그런 말은 사적인 관계에서만 써야 한다고 생각한다. 그러므로 자칫 쓸데없는 오해를 불러 곤욕을 치를 수도 있다. 어떤 사람은 여직원에게 "사랑해요"라고 했다가, 그녀의 남편에게 한참을 해명해야 하는 수모를 겪기도 했다.

사적인 관계가 아니라면 사랑의 표현으로서 진지한 관심과 찬성, 감사를 표시하는 게 좋다.

공손하고 친절한 태도는 늘 다른 사람을 기분 좋게 하고 그것이야말로 공적인 관계에서 사랑을 표현하는 가장 적절한 방법이다.

세계적인 보험 회사의 한 홍보 담당자가 이런 말을 한 적이 있다. 직장에서 수백 명의 직원들과 일하면서 그들이 가장 원하는 것이 바로 '친절'이라는 것을 알았다는 것이다.

그래서 직원들을 늘 정중하게 대함으로써 그러한 욕구를 채워주기 위해 노력한다고 했다.

사생활에서도 사랑의 표현은 중요하다

공적인 면에서 사랑을 표현하는 것도 중요하지만, 가족들간에도 정기적으로 사랑이 표현되어야 한다는 사실 또한 간과해서는 안 된다.

심리학계에서는 모든 사람이 사랑과 존중을 받는 귀중한 존재라는 '느낌'을 필요로 한다고 주장한다. 그것은 모든 인간의 기본적인 욕구이다. 가정에서 벌어지는 고통스러운 상황들은 대부분 사랑의 표현이 부족해서 발생하는 경우가 많다.

남편과의 불화로 고민하고 있는 한 부인에게 이렇게 물은 적이 있다.

"남편의 눈을 똑바로 보고 진심으로, '사랑해요, 여보. 당신이 최고예요'라고 말해본 게 언제인지 기억하세요?"

그러자 그녀는 깜짝 놀라며 이렇게 대답했다.

"가정을 지키기 위해서 그런 말을 해야 된다는 말씀이세요?"

"글쎄요, 남편을 제1순위로 올려놓는 게 당연하다고 생각하지 않으시나요?"

나는 이렇게 되물었다. 왜냐하면 아내가 됐든 남편이 됐든, 사람들은 배우자에게 존중 받으며 꼭 필요한 사람이라는 느낌을 갖고 싶어하기 때문이다.

'다른 여성'과 외도에 빠진 남성들과 상담을 해보면 대부분 똑같은 질문과 대답이 반복되곤 한다.

"사랑스러운 부인과 멋진 가정을 두고 왜 다른 여자분

을 찾으려고 하셨어요?"

"그 여자는 내가 중요한 사람이라는 느낌을 줘요. 하지만 아내는 그렇지 않습니다."

성(性), 가장 중요한 사랑의 표현

결혼 생활에서 맺는 성적인 관계는 사랑을 표현하는 중요한 방법이다.

아울러 성은 결혼의 핵심 요소이며 거룩한 요소이기도 하다. 사랑에 기반을 둔 유대감을 더욱 깊고 강하게 만들기 때문이다.

자녀에게 사랑을 표현하라

어른과 마찬가지로 어린아이 역시 꼭 필요하고 존중받는 존재라는 느낌을 필요로 한다.

최근에 어느 과학 교사가 12~13세의 어린이를 대상으로 해서 흥미로운 실험을 실시했다. 190명의 어린이들에게 현재 무엇이 가장 큰 문제인지를 무기명으로 적어서 제출하도록 한 것이다. 그리고 그 내용을 내게도 보여주었다.

다음은 12세 남자 아이가 쓴 글이다.

우리 형은 중학생이고 친구들도 다 그 또래다. 그런데 모두들 만날 나만 못살게 군다. 내 문제는 중학생들이 정말 밉다는 점이다. 나는 어떻게 해야 할까?

또 다른 어린이의 글이다.

우리 엄마하고 아빠는 내가 원하는 것이면, 옷이든 돈이든 선물이든 죄다 갖게 해주신다. 하지만 나하고 얘기를 하거나 밖으로 놀러나갈 시간은 없다. 친구들은 나를 부러워하지만, 나는 엄마 아빠가 돈보다는 시간을 나한테 주셨으면 좋겠다.

소위 '문제아'를 둔 부모들과 상담을 해보면, 자녀에 대한 부모의 태도가 오히려 문제라는 사실이 금세 드러나곤 한다. 그래서 부모의 태도가 바뀌는 것만으로도 만족한 결과가 나타날 때가 많다.

최근에도 그런 경우가 있었다. 매우 성공한 사업가인 아버지는 심하게 반항하는 아들 때문에 몹시 근심하고 있었다.

그에게는 아들이 둘 있었는데 맏아들은 순종적이고 착했다. 그러나 막내아들은 아버지의 의견에 사사건건 반대하며 자기 고집대로만 하려고 해서 자주 마찰을 빚고 있었다.

사실 그 막내아들은 독창성이 매우 뛰어났고 미술과 음악, 작문 등 예술 분야에 관심이 많았다. 그러나 아버지는 아들의 천부적인 재능을 인정하기는커녕 오히려 경멸하고 있었다.

막내아들한테는 아무런 문제가 없고 단지 형이나 다른 가족들과 조금 다를 뿐임을 알게 된 이후, 그 아버지는 근심을 털어버리고 아들의 능력을 칭찬하기 시작했다. 그리고 아들이 예술가의 길을 갈 수 있도록 격려하기에 이르렀다.

격려를 받으면 어린이는 쑥쑥 자란다

아이들도 어른과 마찬가지로 감사와 칭찬, 격려를 받을 때 특히 발전한다. 학교 생활에 잘 적응하지 못하던 어린 소년의 사례를 소개하고자 한다.

엄마는 아들한테 두 손을 들어버렸고, 결국 정신과에 상담을 예약하는 지경에 이르렀다. 그러다가 우연히 내게 아들 문제를 털어놓게 되었는데, 나는 얘기를 듣고 나서 그 아이에게 예민한 감수성과 상당한 창의성이 있음을 지적했다.

어머니로부터 그토록 간섭을 받음에도 드러나는 아이의 개성이야말로 훗날 성공을 위한 잠재력임을 가르쳐 주었다.

그리고 분주한 업무를 잠시 정리하고 아들하고 마음을 터놓고 이야기를 하되, 특히 아들의 좋은 점을 칭찬해보라고 권했다.

그녀는 내 충고를 받아들여 아들을 진심으로 칭찬하려고 노력했는데, 그러자 성적부터 달라지기 시작했다. 음악적인 재능도 더욱 발전했다. 그러더니 도시를 대표하는 청소년 밴드 모집에서 6명 중의 한 명으로 뽑히게 되었다.

물론 정신과 상담 약속은 취소되었다.

사랑으로 훈육하라

이 말은 아이들이 무슨 일이든지 마음대로 하도록 다 들어주라는 뜻이 아니다. 엄격하되 애정을 담아서 가르쳐야 한다는 뜻이다.

'훈육한다(discipline)'는 말은 '완성한다'는 뜻이다. 그러므로 자녀의 행동을 바로잡고 양육하는 방법은 완성을 지향해야 하며, 반항이나 부정적인 행동을 일으킨다면 문제가 있는 것이다.

부모들은 대부분 자녀가 어른이 된 후에 필요한 지식을 주입하는 데에만 정성을 기울인다. 오로지 그런 시각만으로 아이를 양육하려고 한다면, 부모와 자녀 모두에게 실망스럽고 잘못된 결과를 불러올 수 있다.

지식 교육은 어린이의 교육과 발전 중에서 한 과정일 뿐이다. '교육하다(educate)'라는 말은 안에 있는 것을 밖으로 '이끌어낸다'는 뜻이다.

어린이에게 사랑을 표현하는 또 다른 방법은, 사람은 실패와 궁핍 속에서 살아가기 위해 태어난 것이 아님을 가르쳐주는 것이다.

반드시 성공할 수 있음을 부모들이 끊임없이 일러준 덕에 아이들이 진정한 자신감을 키울 수 있었던 어느 가정의 실례를 나는 잘 알고 있다.

그 집의 아이들은 잠자리에 들 때에도 부모와 함께 기도한다. 아이들이 흔히 하는 기도 내용 외에, 부모들은 성공과 부에 대한 기도도 포함시킨다. 그렇게 함으로써 부와 성공을 당연한 권리로서 인식할 수 있도록 만들어 주는 것이다.

바로 지금부터 사랑을 표현하자

사랑은 우리 삶의 공적인 면과 사적인 면 모두에 영향을 준다.

사생활에서 사랑이 결핍되었다고 느낀다면, 공적인 생활을 해나갈 때 친절과 봉사를 실천함으로써 사랑을 경험할 수 있다. 반대로 공적인 생활에서 사랑이 부족하다 싶으면 사적인 관계 속에서 사랑을 키우려고 노력할 때 행복과 성공을 경험하게 될 것이다.

지금 그 자리에서부터 사랑을 실천하자. 가정에서든 일터에서든 늘 축복하고 감사하도록 하자. 크든 작든 내게로 오는 모든 사랑의 표현에 감사를 표할 때, 우리는 어떤 결핍도 메울 수 있는 사랑의 놀라운 힘을 발휘하게 될 것이다.

찰스 필모어는 사랑의 힘을 다음과 같이 표현했다.

곤경에서 벗어나기 위해서는 사랑의 힘을 믿어야 한다. 그 위에 자신감을 갖는다면 당신은 못할 일이 없다.

부의 법칙

11 경제적으로 독립하라

부의 마음가짐을 가진 사람들의 욕망 중에서 가장 큰 비중을 차지하는 게 바로 경제적으로 독립하여 자기 힘으로 살아가는 것이다. 가난은 인류 공동의 공포이며, 물질적으로 풍요의 시대인 오늘날에도 많은 사람들이 경제적인 궁핍 속에 살아가고 있다.

부의 사고 습관이 주는 힘을 알고 있다면 경제적인 독립도 결코 먼 문제만은 아니다.

경제적인 독립은 다른 사람들뿐만 아니라 바로 우리

자신을 위해서도 예정된 일인 것이다.

'경제적인 독립'이라는 말은 사람마다 그 의미가 다르다. 경제적으로 자유로워진다는 뜻이지만 어떤 사람에게는 쪼들리지 않는 적당한 보수를 뜻할 수도 있고, 어떤 사람에게는 백만장자가 되는 것일 수도 있다.

하나 분명한 것은 경제적으로 발전해감에 따라, 경제적 독립에 대한 생각도 점점 더 큰 경제적인 자유로 확대될 것이라는 점이다.

경제적으로 독립하여 자기 힘으로 살아가려는 욕망은 신이 정한 본능적인 열망이며 가치 있는 인생을 살아가도록 추진하는 역할을 한다. 적당한 수입이든 백만장자가 되는 것이든, 경제적 독립에 대한 열망은 본능이므로 함부로 무시되거나 억압되어서는 안 되고 건설적으로 표출되어야 한다. 그렇게 표현될 수 있을 때, 사람들은 만족과 성취감을 느낄 수 있게 된다.

현실에 무릎 꿇지 말라

경제적인 독립을 이루는 데 가장 귀중한 비결은, 뉴잉글랜드 어느 소도시의 시장이 거둔 성공 사례를 통해 배울 수 있다. 그가 시장이 되어 첫해에 거둔 놀라운 성과에 대해 알아보기로 하자.

그가 취임할 당시 사람들의 반응은 부정적이었다.

"죽어가는 도시에 와서 뭘 어떻게 하겠어? 아무도 여길 구해내지 못해."

시내는 점점 슬럼가가 되어가고 인구도 늘지 않으며 기업 역시 투자는커녕 서둘러 떠나가고 있는 상황이었다.

부는 멀고 먼 남의 나라 얘기처럼 들렸다. 그러나 새 시장은 1년 안에 동료들에게 의욕을 불어넣어 도시를 정화시키는 대담한 프로그램을 완수해냈다. 슬럼 구역을 정화하는 프로젝트를 실시함과 동시에 주거 구역과 쇼핑 구역, 공원, 사무 구역으로 도시를 정비한 것이다.

도대체 어떻게 했길래 그렇게 거대한 발전과 부를 그렇게도 빨리 현실화시킬 수 있었을까? 먼저 그는 시의원들에게 '대범하게 생각할 줄 아는 사람들'이라며 의욕을 불어넣었다. 그리고 자신이 가진 확고한 생각을 주변의 모든 사람들에게 주입시켰다.

"지금 이 현실을 나는 받아들이지 않겠어. 언제까지나 변화하지 않고 처져 있으라는 법은 없어!"

그러므로 현재의 경제적인 상황에 불만을 품는 것은 경제적인 독립을 이루는 첫걸음이라고 할 수 있다. 지금 적응을 못하고 있다면 오히려 잘된 일이다! 부의 사고와 행동 습관을 통해서, 우리는 그러한 현실을 더욱 만족스럽게 변화시킬 수 있는 능력을 갖고 있다. 과감하게 그 능력을 사용한다면 그것은 경제적인 독립으로 가는 만능 열쇠가 되어줄 것이다.

감정을 소모하지 말라

잠깐 동안 부를 누리다가 허망하게 스러져간 사람들을 보았을 것이다. 그들은 거품처럼 한순간에 끓어오르다가 순식간에 바닥으로 꺼져버리고는, 회복이 불가능할 정도의 참담한 경제적인 좌절을 맛본다.

그러한 사례를 면밀히 관찰해보라. 당사자들의 감정과 마음가짐, 생활 방식이 산만하고 혼란스러워 부를 위한 훌륭한 자질들까지도 흐지부지 흐려놓고 말았다는 것을 알 수 있다.

기업가들을 살펴보아도 마찬가지다. 사적인 생활 역시 성공했을 때 부를 지속하는 예가 대부분이다. 반면 사생활에서 균열이 일어나면 그들의 사업도 반드시 암초에 걸리곤 했다.

최근에 어느 탁월한 사업가를 만나 얘기를 나눌 기회가 있었다. 그는 몇 번의 큰 성공을 거두었다가도 감정이 혼란스럽고 산만해지면 어김없이 가정에 불화가 생기고 결국 사업에서도 실패하게 되었다고 말했다.

우리는 모두 감정의 동물이며, 그것은 우리를 경제적으로 '파괴할 수도 있고 생성시킬 수도 있다'. 즉 추진력이 될 수도 있고 파괴력이 될 수도 있는 것이다. 마치 황금을 캐는 심정으로 감정을 관리해야 한다. 왜냐하면 감정이야말로 우리의 가장 귀중한 재산이기 때문이다.

혼란스러운 생각과 감정, 행동은 정신력까지 흐지부지하게 만들어버린다. 그 결과 부의 필수 요건인 신체, 특히 두뇌의 에너지를 고갈시키고, 부의 계획을 실행하는 데 꼭 필요한 감정의 추진력까지 약화시킨다.

크게 생각하라

대부분의 성공자들은 크게 생각한다. 자기만의 생각과 의견에 동료들을 묶어두려고 하지 않는다. 속좁고 옹졸한 생각에서 벗어나고 싶다면 크게 생각해야 한다. 경제적인 독립에 집중하면 그러한 옹졸한 생각들을 던져버리게 될 것이다.

또한 성공의 사다리를 올라가는 데 도움이 되는, 지속적이고도 만족스러운 우정을 키우게 될 것이다.

작은 체구지만 거대한 주택 단지와 쇼핑 센터를 소유

하고 있는 부인을 알고 있다. 쇼핑 센터와 주택 단지가 들어선 자리는 20년 전만 해도 넓기만 한 목초지에 불과했다.

그래서 땅에 대한 부인의 아름다운 꿈은 당시엔 황당한 생각으로 여겨졌다. 그러나 그녀는 언젠가 그 땅에 미국에서 가장 아름다운 쇼핑 센터가 세워질 것이라는 꿈을 계속 키워나갔다.

실현이 불가능해 보이는데도 아랑곳없이, 그 꿈은 그녀의 마음속에서 점점 더 대담하게 성장해갔다. 물론 꿈이 실현되면 그녀는 경제적으로도 완벽한 독립을 이루는 것이었다.

몇 년이 흐르자 근처에 있던 군 기지가 확장되었다. 기지에서 도시로 들어가는 군대 차량들이 늘어나 4차선 도로가 새로 건설되었다. 그 도로는 부인의 목초지 바로 앞을 지나가게 되었다.

순식간에 부동산업자들이 달려들어 땅을 팔라고 졸랐지만 그녀는 모두 거절했다. 사실 땅을 파는 쪽이 당시 그녀의 상황에서는 더 나았을지도 모른다. 그때까지도 그녀의 목초지는 개발되지 않은 가치 없는 땅이었기 때문이다.

비싼 값에 땅을 내놓는 이웃들과 달리, 그녀는 목초지를 관리할 비용조차 없을 만큼 쪼들리는 형편이었다.

그래도 그녀는 여전히 꿈을 버리지 않았고 용감하게도 경제적인 독립에 대한 희망을 계속 키워나갔다.

해가 지날수록 인근의 도시는 점점 더 성장해갔다. 그러던 어느 날 이 여인은 건설 장비와 인력을 갖춘 토건업자를 알게 되었다. 두 사람은 곧 친구가 되었고 그녀의 목초지와 발전 가능성에 대해 이야기를 나누었다.

그녀는 교통 혼잡을 가중시키지 않으면서, 도시 주민들과 군에 관계된 사람들이 모두 편안하게 이용할 수 있는 아름다운 쇼핑 센터를 갖는 게 소원이라고 털어놓았다. 토건업자는 그녀의 꿈에 매우 감명을 받았다. 그는 그녀가 땅을 팔지 않고도 꿈을 실현할 방법이 있다고 말해주었다.

회사를 설립하여 그녀가 부지를 제공하고, 그는 건설과 관리에 필요한 인력과 장비를 공급하는 방법이었다. 또한 백만장자인 건축가 친구가 건물이 완성될 때까지 기꺼이 자금을 융통해주기로 했다.

마침내 두 사람은 회사를 설립했다. 먼저 아파트 건축 사업부터 시작했다. 싼값으로 임대하거나 판매도 했다. 그렇게 자금을 늘려서 마침내 아름다운 쇼핑 센터를 완공할 수 있게 되었다. 갖가지 상점은 물론 자동차 전용 극장까지 모든 게 다 갖춰졌다.

그리하여 이 여성의 아름다운 목초지에는 수백 채의

주택이 들어서고, 미국 남부에서 가장 아름다운 건축물로 손꼽히는 거대한 쇼핑 센터가 들어서게 되었다.

이 모든 일이 조용히, 그러면서도 대담하게 성공과 부, 나아가 경제적 독립을 마음속에 그렸기 때문에 가능해진 것이다.

시간과 에너지를 관리하라

에마 커티스 홉킨스는 "뚜렷한 하나의 목표에 집중하는 것, 그리고 그 밖의 모든 산만한 것들을 거부하는 데에 성공이 달려 있다"고 주장했다.

우리에게는 인생의 모든 국면을 극복할 수 있는 능력이 이미 갖추어져 있다. 불필요한 활동과 사귐 그리고 관계를 중단함으로써, 즉 모호하고 흐릿한 마음가짐을 가진 사람들과의 무익한 잡담으로 인한 혼란을 겪지 않음으로써, 우리는 경제적인 독립이 생각하던 것보다 훨씬 가까이에, 바로 우리 눈앞에 있음을 알게 될 것이다.

그러므로 우리는 자신을 더욱 훈련시켜야 한다. 시간과 에너지를 관리해야 하며, 우리의 생각과 일치하는 부의 마음가짐을 가진 사람들하고만 어울려야 한다. 부에 대한 원대한 꿈과는 아무런 관련이 없는 비생산적인 것들에서 떨어져 나와야 하는 것이다.

많은 사람들이 경제적인 독립을 원하면서도 자기 자신과 생활 방식을 제어하지 않기 때문에 발전을 이루지 못하고 있다.

실패의 마음가짐을 가진 동료들을 비롯해 모든 부정적인 요소를 제외시키고 오로지 부에만 집중하고 집중하고 또 집중해야 한다면, 너무 극단적으로 들릴 수도 있을 것이다. 그러나 여가 시간조차도 누구와 어떻게 보낼 것인지를 주의 깊게 따져보아야 할 정도로 시간과 에너지의 관리는 절실한 문제이다.

이렇게 세심한 주의를 기울이며 하루하루를 지내는 것은, 부자가 되겠다는 '하나의 목표를 향해 집중'하기 위한 변화의 과정이다. 이런 과도기를 넘기고 나면 훨씬 더 높은 수준의 소득층에 올라서 있는 자신을 발견하게 될 것이다.

소득이 늘어나므로 생활에서도 여유를 느끼고 진정한 휴식과 여가를 즐길 수 있을 것이다. 그러나 먼저 자신의 에너지와 시간을 주의해서 관리하지 않으면 이러한 일은 결코 일어날 수 없다.

최근에 서른 살도 채 되지 않은 젊은이의 성공 스토리를 접하고, 나는 이 진리를 다시 한 번 절감할 수 있었다. 그는 몇 년 전부터 목표를 세우고 부의 사고 습관을 실천함으로써 조용히, 차근차근 목표 달성을 향해 움직였다고 한다.

여가 시간에는 성공에 관한 책을 읽고, 같은 마음가짐을 가진 사람들하고 어울렸다. 한때 아내는 남편이 과거 두 사람이 함께 즐겼던 습관을 버리려고 하자 의심을 하기도 했다고 한다.

그러나 그가 현재와 미래의 성공을 위해 집중하고 있음을 밝히자, 아내는 소모적인 과거의 모든 사교 활동을 기꺼이 중단했다. 그리고 몇 년 동안 열심히 일하고 노력한 끝에 아내와 함께 더욱 수준 높은 사교 활동을 벌일 정도로 성공에 도달했다.

현재 그들은 부의 마음가짐을 가진 사람들과 즐거운 만남을 계속하고 있다. 이제는 그런 사람들이 부부의 친구이기 때문이다.

경제적인 독립을 확신하라

경제적인 독립에 대한 기대감과 믿음을 키우는 좋은 방법은, 하루를 시작하고 마칠 때마다 풍요와 성공을 다짐하는 것이다. 마음으로 결과를 만들어내는 일은 훨씬 수월하다.

아침에 눈을 뜨자마자 그냥 잠자리에서 해도 좋고 커피 한 잔을 옆에 놓아도 좋다.

다음과 같은 선언문을 종이에 적고 소리내어 말하거나 또는 속으로 다짐함으로써, 새로운 하루를 시작할 마음의 준비를 하는 것이다.

"나는 내 인생과 모든 일에서 매일 충만한 풍요로움을 기대한다. 특히 오늘 내게 충만한 풍요로움이 있을 것을 기대하고 또한 감사한다!"

이런 식으로 만족스럽고도 보람있는 하루를 만들어가는 것이다.

보험사의 고위직에 있는 어떤 사람은 불경기나 사업부진 대신에 경제적인 독립에 대한 기대에 관심을 집중시킨 이후 실적이 두 배나 올랐다며 기뻐했다.

그는 젊었을 때부터, 하루에 한 번 충만한 풍요로움에 대해 집중하는 것이 경제적인 독립의 위대한 비결임을 깨달았다고 한다.

몇 년 전부터는 하루에 한 시간씩 그날 하루를 원하는 방향으로 상상하고 원하는 판매액을 마음속에 그려왔다. 그리고 영업사원들을 관리하는 총지배인이 되자, 매일 아침 사원들을 떠올리며 그들이 그날 올려주었으면 하고 바라는 판매액을 생각하는 데 한 시간을 보내기 시작했다.

그가 회사의 고위직 임원이 되어 탁월한 능력과 실적을 올린 데에는 자신과 부하들을 위해 충만한 풍요로움을 생각하고 상상하는 습관을 매일 지킨 공이 컸다.

아무리 심각한 장애물이라도 극복할 수 있다

경제적인 독립을 이루려면 부정적인 태도부터 반드시 버려야 한다. 핑계 없는 무덤은 없다. 세상 사람들더러 성공하지 못한 이유를 대라면, 저마다 그럴듯한 이유를 술술 쏟아낼 것이다. 그러나 성공한 사람들이 얼마나 심각한 장애물을 극복해야 했는지를 알게 된다면 입을 다물 수밖에 없을 것이다.

소아바미로 하반신을 쓰지 못하는 여성이 휠체어를 탄 채 개인 비서로서 열심히 일하고 있다. 몇 년 전 마비가 시작됐을 때 그녀는 모든 것을 포기해야 할 처지였다.

그러나 그녀는 재활 훈련을 열심히 받았고 차까지 운전할 수 있게 됐다. 보람있고 흥미로운 직업도 갖고 있다. 질병에 굴복하기를 거부함으로써 그녀는 병상에서 몸을 일으키고 경제적으로도 독립을 유지할 수 있었다.

내가 그녀에 관해 들은 마지막 소식은 결혼을 생각하고 있다는 것이었다.

몇 년 전 어느 봄날, 상점에서 일하는 젊은 청년이 불투명한 장래 때문에 고민하며 상담을 청해왔다. 진정 하고 싶은 일이 무엇이냐고 묻자, 그는 수줍게 "대학에 가서 교사가 되고 싶어요"라고 대답했다.

나는 부의 사고 습관을 통해서 모든 일이 가능하다고 일러주었다. 나아가 그가 얼마든지 독립할 수 있으며 진정으로 교사가 되고 싶다면 지금 일에 만족해서는 안 된다고 강조했다.

그러자 그는 가을에 대학에 등록하겠으며, 아울러 꿈을 이루기 위해 필요한 모든 요건을 갖추고야 말겠다고 끈질기게 상상하기로 약속했다. 그는 이미 대학에 다니는 것처럼 상상해야 한다는 말에, 즉시 원하는 대학의 요람을 구해서 학교의 역사와 커리큘럼, 시설과 모든 특징을 가슴에 새겼다.

원하지 않는 일에서 벗어나 원하는 일에 적극적으로 관심을 집중해나가자 마침내 즐거운 일이 벌어지기 시작했다. 가까운 친척이 찾아와 그동안 그를 지켜봐왔다며 그의 잠재력을 인정하고 학비를 조달해주겠다고 제안한 것이다.

그는 너무나 기뻐하며 친척에게 자신의 꿈에 대해 털

어놓았고, 친척도 그의 진지한 포부를 알고 무척 대견해했다고 한다.

최근에 그 젊은이는 몇 달 후 대학을 졸업하게 되었다며 연락해왔다. 먼저 생각 속에서 과감하게 독립을 이루고 상상력을 동원해 원하는 모든 것에 집중했기에 그는 꿈을 이뤄가고 있는 것이다.

구체적으로 상상하라

경제적인 독립을 위해 상상력을 발휘할 수 있는 또 다른 방법이 있다.

경제적으로 그럴 만한 능력이 되었을 때 꼭 누려보고 싶은 생활 모습을 마음속에 채우는 방법이다. 신문과 잡지 등에서 화려한 옷이나 주택, 취미, 기타 해보고 싶은 생활 면면에 대한 광고를 찾아보면 도움이 될 것이다.

그렇게 경제적인 걱정에서 벗어나 자유롭게 여행하고 취미 생활을 즐기며, 보람 있는 일을 하고, 마음이 통하는 친구들을 만나는 모습을 마음속에 그리고 그리고 또 그리는 것이다.

발전시키고 싶은 재능이나 능력이 있다면 그에 관련된 분야에서 성공하는 광경을 마음속에 채워넣는다.

그 밖에 도와주고 싶은 단체나 당신의 재산으로 성취하고자 하는 좋은 일이 있다면 역시 상상력을 발휘해보라.

전세계 수백만 명의 사람들이 전쟁과 범죄, 질병, 나태함의 노예가 되어 있다. 그들은 부와 성공이 자신들하고는 상관이 없고 완전히 다른 선택된 자들만의 몫이라고 여기고 있다.

이처럼 자신과 다른 사람들에 대한 무지하고 파괴적인 믿음은, 경제적인 독립이 모든 인류에게 신이 부여한 당연한 권리이자 진리라는 사실을 인정함으로써 간단히 날려버릴 수 있다. 그러므로 우리는 경제적인 독립에 대해 굳건한 기대와 믿음을 가져야 한다.

경제적인 독립을 위한 아홉 가지 원칙

경제적인 독립을 위해 기초를 닦는 작업으로서 다음의 아홉 가지 사실을 명심하도록 하자.

1. 경제적인 독립을 이루겠다고 결심했다면 그 결과를 마음속에서 간절히 그리도록 한다. 원하는 소득 수준과 경제적인 독립을 이룬 후 어떻게 살아갈 것인지를 상상하는 것이다.

가능하면 자세하게 상상하도록 해야 한다.
생각을 많이 하면 할수록 마음속에 그린 그림은 현실이 될 것이다. 어떤 집을 원하는지, 어떤 스타일의 옷을 입고 싶은지, 어떤 활동을 펼치고 싶은지, 어떤 곳을 가보고 싶은지 생각해보라.

2. 다른 사람들이 나에 대해 원하는 것 말고, 나 자신이 진정으로 원하는 것을 마음속에 그려야 한다. 무엇인가를 가져야만 한다는 의무감이 아닌, 진정으로 원하는 것을 상상해야 한다는 뜻이다.
많은 사람들이 다른 사람을 기쁘게 하려고 했기 때문에 실패와 비참한 삶 속으로 끌려 들어갔다. 내가 내 인생을 살아가는 것은 신이 부여한 권리이다.
누구를 위해서 살아가는 것이 아니다. 내가 진정으로 원하는 것만이 나를 행복하게 만들 수 있다. 그러므로 오직 그것을 마음속에 그려야 한다.

3. 마음속에 품은 성공과 부의 계획은 아무에게나 함부로 털어놓지 않는 게 좋다. 이러쿵저러쿵 참견하여 생각만 혼란하게 만들 수 있기 때문이다. 당신을 대신해서 살아줄 사람은 아무도 없다.
그러므로 부의 법칙을 바탕으로 마음속에 품은 성공

계획은 혼자서만 간직해야 한다. 사방팔방 늘어놓고 다니거나, 다른 사람들이 끼어들어 훼방 놓을 틈을 주어서는 안 된다.

4. 큰 것이든 작은 것이든, 부와 성공을 위해 필요한 모든 일을 실천에 옮긴다. 단 시간 제한을 미리 정해두는 게 좋다.
어떤 일을 6개월 안에 해내겠다, 또 어떤 일은 1년 안에, 어떤 일은 2년 안에 해내겠다고 계획을 세워두는 것이다. 경제적인 독립을 계획할 때도 달성 기한을 미리 정하는 게 좋다.

5. 바라는 결과가 즉시 나타나지 않는다고 해서 불안해하거나 당황할 필요는 없다. 조급하게 또는 억지로 성과가 나타나기를 기대할 필요도 없다.
우리 마음이 불안이나 흥분, 초조, 긴장에 사로잡히면 만족과는 거리가 먼 극단적인 결과를 초래하고 그렇게 되면 결국 실망하고 좌절하게 된다.

6. 다른 사람들이 말하고 생각하는 것에 신경 쓰지 말고 조용히 마음속으로 경제적인 독립이 이루어지는 것을 상상하라.

부의 사고 습관을 유지하고 실천하는 한 실패란 있을 수 없으며 그 어떤 것도 당신에게서 성공과 부를 빼앗아가지 못한다.

7. 경제적인 독립을 열망하고 계획함으로써 그 꿈은 이미 마음속에서 실현되었다는 것을 명심해야 한다. 상상이 먼저이고 실현은 그 다음인 것이다. 성공과 부는 상상한 분량만큼 현실 속에서 가시화된다.

8. 사람들이 경제적인 독립을 이루었다면 당신도 그렇게 할 수 있다는 것을 기억하라. 한 사람이 해냈다면 다른 많은 사람들도 그렇게 할 수 있다.
몇몇 사람들이 인내와 노력으로 해낸 일이라면 똑같은 일을 해낼 사람은 무한하다는 것이다. 그러므로 경제적인 독립을 하느냐 그렇지 않느냐는 오로지 자기 자신에게 달려 있다.

9. 부를 위해 필요한 모든 물질은 이미 세상에 존재하고 있다. 그 물질을 정복하는 것이 우리의 몫이다. 부의 사고 습관과 행동 습관을 지키고 기대하고 마음속에 그림으로써, 당신은 물질의 영역을 정복하고 원하는 것은 무엇이든지 실현할 수 있다.

경제적인 독립이 하룻밤 사이에 이뤄질 수는 없겠지만 반드시 이뤄질 수 있다.

자신과 모든 사람들을 위해 경제적인 독립을 마음속에 받아들이고 기대하고 상상한다면, 반드시 실현될 것이다.

'나에게 성공이 온다'고 믿기 위해 처음에는 다소 노력을 기울여야겠지만 그 노력의 결실은 분명하고 또한 풍성할 것이다.

부의 법칙

12 당신의 직관에 따르라

관찰력과 인지력 등 평범한 능력말고도, 모든 사람들의 마음 깊은 곳에는 직관과 창조적인 상상력 그리고 다음 장에서 배우게 될 특별한 능력들이 자리 잡고 있다.

세상이 천재라고 인정하는 사람들은 직관과 창조적인 상상력에 귀를 기울이고 따를 줄 아는 용기와 자신감을 가지고 있다. 그들이 자기 마음이 지시하는 대로 따라간 결과가 너무나 훌륭해서, 사람들은 그들이 비범한 재능을 갖고 있다고 믿게 된 것이다.

사실 그들이 비범한 능력을 가진 것은 아니다. 대부분의 사람들과는 달리 직관과 창조적인 상상력을 억압하지 않고 적극적으로 사용했을 뿐이다. 그러므로 우리도 부와 성공, 풍요로운 인생을 위한 천재적인 능력으로서 직관과 창조적인 상상력을 발휘해야 할 것이다.

고도로 발달된 본능적인 직관을 갖고 있는 나는 어린 시절부터 꽤나 혼란을 겪어야 했다. 직관에 따라 행동하면 다른 사람들이 괴짜에다 비정상으로 생각할 것이라 여기고 두려워했던 것이다. 그때는 왜 그렇게 행동해야 했는지 분명한 근거를 댈 수도 없었기 때문이다.

그렇다고 직감에 따르지 않는다면 나의 세계는 온통 뒤죽박죽이 되고 불행해질 것만 같았다. 결국 직감에 충실하게 따를 때 옳은 결과로 이어진다는 사실을 깨달을 수 있었다.

당신은 이미 천재적인 능력을 갖추고 있다

우리에게는 오감(五感) 외에도, 거의 인식하지도 사용하지도 않고 있는 놀라운 능력이 숨어 있다.

마음에 잠재돼 있는 그 미개척 분야가 바로 성공과 부

를 이룰 수 있는 천재적인 능력이다.

우리의 주의력은 보통 외부 활동 영역을 향하고 있기 때문에 직관의 안내에 귀를 기울이거나 주목하려 하지 않는다. 그러나 만약 직관이 전달하는 모든 자극을 기록할 수만 있다면, 백발백중 성공에 도달했을 기회를 수도 없이 지나쳤다는 사실을 깨닫게 될 것이다.

'여자의 직감'이라는 말을 많이 한다. 여자들에게 직관이란 특별하면서도 일상에 가까울 만큼 흔한 일이지만 남자들에게는 생소하다는 의미이다.

그러나 부의 법칙을 배우고 있는 우리는 남자건 여자건 간에 모두 직관을 사용하고 있음을 알아야 한다. 여자들이 남자들보다 더 두드러지게 본능적인 직관을 사용한다면, 아마도 그것은 남자들의 관심이 대부분 일과 외부 세계를 향하고 있기 때문일 것이다. 그러한 경향은 마음속의 능력을 계발하고자 할 때에 방해가 될 수 있다.

반면 여성들의 경우 전통적으로 주요 거점이 집안이었다. 본능과 직관의 충동에 민감하게 반응할 수 있는 조용한 분위기에 익숙해져 있다는 말이다.

그러나 오늘날의 상황은 상당히 바뀌었다. 여성과 남성 모두 주요 관심은 일과 외부 활동에 집중돼 있다.

그러므로 직관이라는 천재의 능력을 계발하기 위해서는 여성과 남성 모두 확실한 방법을 동원해야 한다.

직관을 계발해야 한다

사전에 직관은 '의식적으로 이성을 사용하지 않고도 무엇인가를 즉각적으로 파악하거나 학습하는 것'이라고 정의되어 있다.

직관을 통해서 아이디어와 계획 등이 번쩍 떠오를 때가 있는데 그렇게 떠오르는 생각을 가리켜 육감 또는 예감이라고 한다.

그것은 마음에서부터 들려오는 '아주 작고 차분한 목소리'이다.

천편일률적인 질서와 획일성을 강조하는 이 시대에서조차, 분명한 개성을 표현하는 '튀는 사람들'한테서 진정한 성공이 이루어지고 있음을 알 수 있다.

그렇다고 무조건 아웃사이더가 되라는 뜻이 아니다. 찰스 필모어가 주장한 바와 같이 "평범한 기준에 따라 교육받고 살아간다면 결국 평범한 일생을 보낼 것이고 독창적인 사고는 결코 할 수 없다"는 말이다.

대중의 사고 방식이나 행동 기준에 따르지 않는 사람들은 '사회 부적응자'로 몰리기 일쑤다. 그러한 획일성의 압력이 워낙 굳건하기는 하지만 그 위험성 또한 서서히 인식되어가고 있는 게 현실이다.

몇몇 대기업들의 사원 채용 기준의 변화가 대표적인

예라고 할 수 있다. 사원들에게 획일성을 강요하는 것이 결국 태업과 실적 저하를 불러온다는 사실을 깨달았기 때문이다.

오히려 사원들 각자의 개성을 존중하려고 노력하는 회사들이 늘어가고 있다.

미국의 모든 진보를 가능케 한 원동력도 바로 독창성과 개인주의였다.

어떤 작가는 "현대는 용감하고 끈질긴 인물을 필요로 하며, 곧 내적인 목소리에 귀를 기울이고 직관이 이끄는 대로 따르는 사람에게서 그런 특징이 발견된다"고 강조하기도 했다.

직관이란 뚜렷한 이유가 없는, 소위 환상에 불과한 것만 같아서 선뜻 따를 마음이 내키지 않을 수도 있다. 직관은 이성과는 아무런 관련이 없다.

왜냐하면 직관은 이성으로는 설명할 수 없는, 우리 마음의 한 기능이기 때문이다.

분명한 것은 천재라고 불리는 사람들은 내적인 목소리와 자극을 과감하게 따랐고 그런 태도에 대해서 자신감과 믿음을 갖고 있었다는 사실이다. 그것이 바로 그들이 천재라고 불리는 이유이기도 하다.

평범한 사람들은 대개 '증거와 이유'를 찾으려 하고 그에 따라 끊임없이 의심하고 갈등하며 버둥대곤 한다.

우리의 마음속에서 그리고 현실 속에서 직관은 작용하고 그 효력을 발휘한다. 단 우리 스스로 허락할 때만 그렇게 활약할 수 있다.

'예스'와 '노'를 구분해주는 직관

직관은 '예스'라고 할 때가 있고 '노'라고 할 때가 있다.

'예스'라고 가르쳐줄 때는 너무나 은밀하고 조용해서 처음에는 그냥 지나치거나 무시할 때가 많다. 직관은 우리에게 확신을 주지는 않는다. '예스'라는 사인을 우리가 알아챌 때까지, 다시 반복해서 마음의 문을 살며시 두드리기만 한다.

그러나 '노'라고 가르쳐줄 때는 한층 더 뚜렷하게 알 수 있다. 직관이 '노'라고 알려줄 때는 그 소리가 훨씬 크고 분명하기 때문이다.

'노'라는 직관의 안내에 따르지 않으면 결코 털어버릴 수 없을 정도로 불편한 느낌을 강력하게 받곤 한다. 나의 경우를 보아도 그렇다. 지난 몇 년 동안 직관이 활동한 것을 살펴보면 불편하고 불안한 느낌을 통해 '노'라고 알려주는 경우가 대부분이었다.

이러한 직관의 활약을 경험해보고 싶다면 모든 부담에서 벗어나 휴식을 취하는 시간, 즉 내적인 목소리에 민감해지는 조용한 시간을 매일 규칙적으로 이용하는 게 좋다. 직관은 자기 의견을 억지로 강요하는 게 아니라 가장 효과적으로 활약할 수 있는 시간, 즉 모든 감정과 분위기가 안정될 때까지 끈질기게 기다리기 때문이다.

이렇듯 직관이란 합리적으로는 딱 부러지게 설명할 수 없지만, 더 나은 어떤 것을 알려주는 우리 마음의 한 능력이다.

어떤 여성이 여러 직장에 지원을 했다. 하나는 급료 수준이 매우 좋고 또 다른 곳 역시 괜찮은 수준인데, 세 번째는 급료 수준은 낮지만 승진과 성취감을 제공할 수 있는 직장이었다.

그녀의 이성은 즉시 높은 수입이 보장되는 첫 번째 직장을 택하라고 했다. 또한 두 번째 직장은 급료 수준도 괜찮은데다 근무 환경까지 근사한 '멋진 직장'이라고 부추겼다.

그러나 그녀의 직관 혹은 내적인 목소리는, 급료도 낮고 작업 환경도 볼품없는 세 번째 직장을 택해야 한다고 말하고 있었다. 사실 사장이 막 사업을 시작한 상태이기는 하지만 발전 가능성이 크다는 장점은 있었다.

고민하던 그녀는 직관의 강력한 암시를 따르기로 결

심했다. 그리고 그녀가 선택한 세 번째 직장이야말로 최고의 일터임이 판명되었다. 출근한 지 얼마 되지 않아 최신식 사무 기구가 구비되어 근사한 근무 환경이 조성되었다. 사장은 뛰어난 경영 수완을 발휘하여 회사를 업계 1위로 만들어놓았고, 그 무렵 그녀의 급료는 다른 직장보다 세 배나 뛰어올라 있었다.

부를 이루기 위해 신념과 자신감을 갖고 직관의 길을 따르는 것은 오직 우리 자신에게 달려 있다.

우리가 이 세상에서 보는 모든 것은, 누군가의 직관 또는 내적인 목소리가 '가능하다'고 알려주었고 그것에 따랐기에 가능했던 것이다. 우리도 직관을 사용한다면 더욱 멋진 세상을 만들어나갈 수 있을 것이다.

직관은 다른 경로를 통해서도 해답을 알려준다

직관은 자기 자신뿐 아니라 다른 경로를 통해서도 해답을 전해줄 때가 있다. 친구가 한 말, 책이나 잡지의 문구 한 구절, 주변에서 일어나는 일을 통해 그토록 고민하던 일에 대해 해답을 찾게 하곤 한다.

직관이 외적인 방법으로 자극하는 사례는 무척 다양

하고도 흥미롭다. 어떤 부인이 반항이 심한 아들로 인해 고민하다가 집에서 멀리 떨어진 사립 학교에 보내면 정신을 차릴까 하고 궁리하기 시작했다.

과연 어떻게 해야 좋을지 망설이던 그녀는 어느 날 석간 신문을 통해 해답을 찾게 되었다. "문제 아동에게는 가정이 필요하다"는 한 구절이 눈에 확 들어왔던 것이다. 그녀는 마음을 다잡고 아이를 멀리 보내려던 생각을 철회하기로 했다.

그리고 아들에게 더욱 애정을 담아 관심을 기울이자, 서서히 행동이 달라지는 걸 확연히 느낄 수 있었다.

두 번째 천재적인 능력은 창조적인 상상력이다

우리는 창조적인 상상력을 매우 흥미롭게 사용할 수 있다. 개인적인 입장에서 보면 부를 이루기 위한 매우 간단하면서도 유쾌한 방법으로 적용할 수 있다. 앞일을 내다보고 계획을 세울 수 있다면 얼마나 좋겠는가? 그런 일을 마다할 사람은 한 명도 없을 것이다.

그런 능력에 못지않게 좋은 성과를 내는 방법이 바로 창조적인 상상력을 사용하는 것이다. 매일 밤 잠자리에

들기 전에, 다음날 하기로 계획한 일을 다음과 같이 생각해보자.

> 다음날 진행할 일의 방법이나 성가신 점 때문에 걱정하지 말고, 알고 있는 점만을 생각하도록 한다. 그리고 그렇게 되었으면 하고 바라는 방향으로 상상력을 발휘하여 내일 할 일을 정돈한다. 다음날 아침 그런 방법을 다시 한 번 되풀이한다.

상상력을 동원함으로써 내일 할 모든 일을 마음속으로 완성해두는 것이다. 이처럼 강력한 상상력은 가족이나 사업, 사회 문제에 적용해도 마찬가지의 성과를 거둘 수 있다.

창조적인 상상력은 과거의 불행한 기억을 해결하는 데에도 효력을 발휘한다. 먼저 그 기억에 관련된 사람들에게 생각을 집중한다. 그리고 마음속으로 그들 하나하나를 떠올리며 이렇게 소리내어 다짐한다.

"나는 당신을 축복합니다."

그런 다음 "그때 그렇게 되었으면 얼마나 좋았을까" 하고 바라는 대로 상상력을 동원하여 과거의 사건을 재구성해본다. 그렇게 하면 부정적인 기억은 물러나고 대신 그 자리에 긍정적인 사고 방식이 들어차게 된다.

마음 깊은 곳에 숨어 있던 부정적인 감정이 다시 고개를 들 때마다 앞의 과정을 다시 반복하면 된다.

이 방법을 통해서 마음을 옥죄고 괴롭게 하던 부정적인 기억에서 벗어날 수 있다. 우리는 이전보다 훨씬 더 자유롭고 홀가분한 기분을 느끼게 될 것이다.

그리고 부정적인 기억이 차지하고 있던 자리는 새로운 부의 마음가짐이 대신하게 된다. 이와 같이 창조적인 상상력은 우리를 위해 새로운 부의 길을 열어준다.

내 곁에 또 한 사람이 함께한다면

서로 협력하고 아이디어를 교환하는 과정을 통해 성공을 거둔 사람들이 많이 있다. 단 두 사람이라도 하나의 목표를 놓고 마음을 맞추고 생각을 공유한다면, 능률은 극대화되고 목표 달성을 위한 더 큰 활력과 에너지가 생성된다.

충직한 친구나 가족 정도면 그러한 그룹을 만들기에 충분하다. 부를 위한 천재적인 능력을 키우려면 믿을 만한 사람이 옆에 있어 함께 의견을 나누는 게 좋다. 그렇게 할 때 '침착성과 자신감'이 비로소 내 것이 된다.

믿을 만한 사람끼리 서로 마음을 터놓고 하나의 목표

를 향해 생각을 나누고 기도를 해보라. 그렇게 이야기를 나눔으로써 새로운 관점이 생기고, 그 속에서 바람직한 결과가 발생할 수 있는 것이다.

창조적인 상상력을 통해 우울증을 극복한다

실의에 빠져 침울하고 자신감이 없을 때가 바로 창조적인 상상력을 동원해야 할 적기이다. 서로 마음을 터놓고 기댈 수 있으며, 새롭고도 긍정적인 자세를 회복하는 데 도움이 되는 사람과 이야기를 나눠야 한다.

혼자만의 힘으로는 자신감을 되찾을 수 없을 때 바로 그러한 사람이 필요한 것이다.

몇 년 전 함께 일하던 사람에게서 비난을 들었을 때가 생각난다. 나는 완전히 실패했으며 이제는 내리막길인지라 다른 도리가 없다는 말이었다. 이전에는 내가 하는 일마다 늘 격려해주었던 사람이기에 그가 한 말은 너무나 큰 충격을 주었다. 창조적인 상상력의 원리를 알지 못했다면 나는 그때 완전히 자포자기하고 말았을 것이다.

그러나 도움을 청할 수 있는 사람이 떠올랐다. 그 사람이 옆에 있어준다면 모든 부정적인 생각들을 날려버리고 이 일을 전화위복으로 삼을 수 있을 것 같았다.

믿을 만한 친구를 찾아가 그때 있었던 일을 털어놓자, 친구는 내게 쏟아졌던 부정적인 말들을 뒤바꾸어놓았다.

"너 스스로 실패자가 아닌 걸 알 거야. 너는 여러 차례 성공을 거두었고 앞으로도 계속 성공할 거야. 앞으로 어떻게 해야 할지도 잘 알고 있잖아? 특히 네가 '내리막길에 있다'는 말 말이야. 나는 그렇게 생각하지 않아. '너는 지금 오르막길에 있는 거야!'"

친구의 따뜻한 격려와 이해에 도움을 얻어 나는 자신감을 회복할 수 있었다. 사실 그때 들은 말 중에서 내 기억에 남은 것은 단 이 말뿐이다.

"너는 지금 오르막길에 있는 거야!"

나는 그 말을 떠올릴 때면 뿌듯해지는 걸 느끼며, 지금도 가끔씩 소리내어 다짐하곤 한다.

가족 문제에도 창조적인 상상력을 적용한다

'브레인 스토밍(brain-storming)'이라는 말을 들어보았을 것이다. 창조적인 상상력이 확대 적용된 방법이라고 할 수 있다.

사람들이 여럿 둘러앉아서 한 가지 목표를 놓고 토론하고 달성 방안에 대해 서로 아이디어를 나눈다. 그렇게 함으로써 최종 방안을 찾아내는데 종종 놀라운 성과를 불러오기도 한다.

최근에 한 여성으로부터 남편의 회사가 이 방법을 사용하여 좋은 결과를 얻었다는 말을 들을 수 있었다. 회의에 참가한 사람들은 우선 하나의 목표 또는 계획을 제시한다. 그런 다음 참가자들 모두 '회의론자' 가 되어, 그 목표가 달성될 수 없는 이유를 따져보고 각자 의견을 내놓는다.

부정적인 의견에 대해 모두 토론한 다음에는 리더가 이렇게 선포한다.

"이 목표를 달성할 수 없다면, 그 이유와 경로가 무엇일지에 대해 우리는 알게 되었습니다. 그러나 우리가 의도한 것은 그게 아니지요. 목표를 달성하는 것이 우리가 할 일입니다."

그런 다음 이미 토론된 문제점을 바탕으로 목표에 도달할 수 있는 계획을 짠다는 것이었다.

가정에서도 창조적인 상상력을 동원하여 가족 간의 문제에 대해 고민할 수 있는 계기를 만들고 좋은 성과를 얻을 수 있다.

내가 아는 한 가정에서는 자녀들로 하여금 바라는 것

을 종이에 적게 하고 있다. 동시에 온 가족이 모두 원하는 소망에 대해서도 적도록 한다.

그렇게 서로 바라는 점을 확인하고 털어놓음으로써, 가족을 위해서 자기의 욕구를 한 단계 낮추고 양보하는 등 화목과 인내를 통해 만족한 결과를 얻고 있다.

천재성은 조화가 있는 곳에서 효력을 발휘한다

조화와 격려, 공동의 목적이 창조적인 상상력을 발휘하는 데 가장 중요한 요소이다.

함께 일하는 사람 중에서 단 한 사람이라도 공동의 목표에 동의하지 않는다면, 그 사람이 품은 의심과 두려움이 전체에 부정적인 영향력을 끼쳐 창조적인 상상력과 아이디어의 흐름을 중단시켜버린다.

그러므로 함께 일할 사람을 선택할 때에는 협력의 관점에서 주의 깊게 골라야 한다.

우리가 가진 두 가지 천재적인 능력, 즉 직관과 창조적인 상상력은 함께 하는 사람들의 마음이 서로 조화를 이루는 곳에서 제대로 발휘된다. 공동의 목표가 있고 목표를 같이하는 사람들이 상대방을 위해 맞춰가려고 노력한다면, 목표를 달성할 수 있는 위대한 힘이 발휘되기 시작하는 것이다.

침묵할 시간을 가져라

직관과 창조적인 상상력은 혼자 떨어져서 침묵하고 있는 시간, 특히 조용히 휴식하고 있을 때 제대로 작용하기 시작한다.

나의 경우는 밤에 막 잠자리에 들려고 하기 직전, 직관과 창조적인 상상력이 최고로 발휘되어 유효 적절한 아이디어가 떠오르는 경우가 많다.

조용하고 평화로우며 마음이 편안해지고 다소 게으름을 피울 수 있는 때가, 내적인 힘이 가장 활성화되는 시간이다. 즉 진정한 천재성을 최대한 발휘할 수 있는 시간인 것이다.

그러므로 끊임없이 재잘대고 침착하게 반성의 시간을 갖지 않는 사람들은 그렇게 하는 사람보다 몇 배로 힘들게 일해야 할 것이다.

내적인 자극에 귀를 기울일수록, 삶을 더욱 수월하고 풍요롭게 만들 수 있는 신선하고 지혜로운 아이디어가 떠오를 것이다.

천재성이 자신감을 키운다

직관과 창조적인 상상력을 계발할수록 자신의 과거와 현재 그리고 미래에 대해 더 큰 자신감을 갖게 될 것이다.

이미 강조한 바 있지만 직관은 각각의 상황에 '예스'와 '노'를 결정하고 해답을 준다. 그러므로 자기 안에서 들려오는 직관과 예감의 목소리에 귀를 기울여야 한다.

또한 창조적인 상상력을 긍정적으로 활용해야 한다. 즉 마음의 눈으로 과거와 현재, 미래를 볼 수 있어야 하고, 믿을 만한 사람과 이야기를 나누고 뜻을 맞출 수 있는 창조적인 상상력 그룹을 만들어야 한다.

이 상상력 그룹은 사업 동료가 될 수도 있고 가족 구성원이 될 수도 있으며 친구가 될 수도 있다. 이렇게 간단한 방법을 적용함으로써 부의 필수 요인인 천재성이 계발되고 발휘되는 것이다.

당신의 천재성을 결코 과소평가하지 말라! 그것은 당신이 더 큰 행복과 성공, 자신감을 갖도록 작용하고 싶어한다. 그러니 마땅히 그 천재성을 발휘하라.

다음과 같이 소리내어 다짐해보자.

"내 안에는 직관과 창조적인 상상력이 있고, 이 천재성을 통해 나는 내 운명을 만족스럽게 만들어갈 수 있다."

부의 법칙

13 잠재된 특별한 능력을 깨워라

인류 역사의 초창기에는 잠들어 있던, 인간의 심원한 정신적 능력들이 현대에 이르러서는 활기를 띠고 보편화되고 있다.

학계에서는 새롭게 드러나는 인간의 이러한 심원한 능력들을 가리켜 텔레파시, 투시력 그리고 예지력과 염력이라고 표현하고 있다.

과학적인 차원은 물론, 부의 시각에서 이 특별한 능력에 대해 살펴보기로 하자.

고대에서부터 내려온 텔레파시

텔레파시란 보고 듣고 만지거나 그 밖의 어떤 지각 수단의 도움을 받지 않고도, 다른 사람의 마음과 접촉하는 능력이다.

즉 신체의 감각이나 기계 장치 없이도 다른 사람의 마음과 커뮤니케이션하는 능력을 말한다.

사실 텔레파시란 특별할 게 없다. 백인들이 등장해 문명을 도입하기 전까지, 하와이에서는 수세기 동안 원주민들에 의해 사용되었다. 타히티에서도 텔레파시가 보편화된 의사소통 수단이었다.

극동의 성직자들도 수세기 동안 정신 수양의 일환으로 텔레파시를 연마했다. 최근에 들어서는 듀크 대학의 J. B. 라인 교수가 텔레파시를 과학적으로 증명하는 데 많은 기여를 했다.

텔레파시는 올바르게 계발하면 인생의 부와 성공에 훨씬 더 빨리 도달할 수 있도록 도움을 준다.

그러나 이 특별한 능력은 부를 이루는 데만 사용해야 한다.

지나치게 빠져든 나머지 다른 특별한 능력을 도외시하면 오히려 더 치명적인 결과만을 부르게 된다는 사실을 명심하라.

텔레파시를 계발하는 방법

과거에 일반 대중이 이 특별한 능력을 진지하게 받아들이려 하지 않은 이유는, 내가 보아온 것을 그들도 보았기 때문일 것이다. 즉 텔레파시나 투시 능력을 가진 사람들이 마음의 균형을 잃고 폐인이 된 경우가 많았기 때문이다.

그러나 마음의 특별한 능력은 계발될 수 있으며 반드시 계발되어야 한다. 우리의 인생을 더 큰 평화와 부, 성공으로 이끌어주기 때문이다. 이번 장의 안내를 충실히 따른다면 이 특별한 능력의 사용을 통해 반드시 이득을 얻을 수 있을 것이다.

어떤 상황에서 다른 사람과의 접촉이 필요한데 직접적인 접촉이 여의치 않을 경우, 다음과 같이 선언함으로써 텔레파시를 이용할 수 있다.

"텔레파시가 지금 상대방과 나, 우리에게 이 상황에 대한 모든 진실과 해결책을 밝혀줄 것이다."

최근에 나는 몇 년 동안 소식이 끊긴 어린 시절 친구를 만나고 싶었다. 결혼했다는 말은 들었지만 어디에 사는지는 전혀 알 수 없었다. 찾고는 싶었지만, 사실 그리 간절한 것은 아니었다.

그래서 가끔씩 그 친구 생각이 날 때마다 이렇게 중얼

거리곤 했다.

"그 애가 어디 있는지는 모르지만, 텔레파시가 나를 위해 만남을 이뤄줄 거야."

그리고 약 열흘 뒤 그 친구에게서 편지를 받았는데 주소는 물론 그동안 내가 궁금해 하던 모든 이야기들이 다 담겨 있었다.

한참 바쁜데 급한 일이 터지고 즉각 처리할 만한 시간은 없을 때가 종종 있다. 그럴 때 해당 일에 관련된 사람을 떠올린 다음, 텔레파시가 알고 싶은 것은 무엇이든지 밝혀줄 수 있다는 믿음을 갖고 당사자를 축복해보라. 상대방은 텔레파시를 통해 당신의 생각을 전달받고 적절한 행동을 취함으로써 반응할 것이다.

텔레파시는 조화를 이루는 힘이다

텔레파시 능력을 계발하면 불필요한 대화나 전화 통화, 편지, 시간만 소모하는 활동을 감소시킬 수 있다. 또한 마음의 평정을 유지하고 꼭 필요한 일을 한결 수월하게 해결하는 데 도움을 준다.

어떤 사람이 긴박한 업무를 맡고는 마감 시간 직전까지 발을 동동 구르고 있었다. 마감 전날 저녁이 되자 기술적인 도움을 받아야 할 상황이 되어버렸다. 그 도움을 줄 수 있는 친구의 이름이 순간 번쩍 하고 떠올랐다.

그러나 친구의 집 전화는 응답이 없고 현재 어디에 가 있는지 알 수가 없었다. 여러 곳에 수소문해보았지만 헛수고였다. 마침내 찾기를 포기한 그는 이런 생각을 하게 되었다.

"그 친구가 정말 나를 도와줄 운명이라면 텔레파시가 통하지 않을까?"

그리고 15분도 되지 않아 그 친구에게서 정말 전화가 왔다.

"혹시 내가 필요한 일이 없나? 시내에서 저녁을 먹고 있는데 왠지 자네가 나를 찾고 있는 것 같아서 말이야."

30분 만에 두 사람은 만날 수 있었고, 그날 절박한 기술 문제를 해결하고 업무를 마치는 데 성공했다.

어떤 목사가 급한 문제가 생겨 먼 데로 이사간 친구와 의논을 하고 싶어했다.

"그 친구가 옆에 있어서 함께 얘기해보면 뭔가 해답이 나올 것 같은데. 기분도 한결 나아지고……."

목사는 이런 생각을 계속 했다.

다음날 먼 곳으로 이사간 목사의 친구는 불현듯 목사가 떠올라 일찍 잠자리에서 눈을 떴다.

"무슨 일이 있는지도 몰라."

그러고는 목사에게 전화를 걸었다.

"이럴 수가 있나? 사실 자네하고 꼭 얘기하고 싶은 일이 있거든. 하지만 옛날에 신세진 일도 있고 해서 전화 걸기를 망설였지."

결국 목사와 친구는 함께 문제를 의논하고 해결책을 마련할 수 있었다.

모든 사람이 텔레파시 능력을 지니고 있다

인간은 모두 텔레파시 능력을 지니고 있다. 그 사실을 깨닫고 건설적인 방향으로 발전시키는 것이 바로 우리가 해야 할 일이다. 물론 어떤 다른 특별한 능력을 가졌을 때와 마찬가지로, 텔레파시를 이용해 다른 사람을 억압하거나 유인하려고 해서는 안 된다. 그렇게 하면 오히려 파괴적인 결말이 자신에게 돌아오고야 말 것이다.

이 특별한 능력에 너무나 빠져버려서, 오로지 그 능력을 키우는 데만 골몰한 사람의 이야기를 최근 전해 들은 바 있다. 급기야 그는 텔레파시를 통해 주변 사람들을 자기 만족을 위한 수단으로 사용하기 시작했고, 많은 사람들이 한동안 영문도 모른 채 혼란에 빠져야 했다고 한다.

정신적인 능력을 이기적으로 그리고 파괴적으로 사용

하면, 결국 그 힘은 감소하고 끝내는 잃어버리게 된다. 게다가 다른 사람들을 향해 그 능력을 오용하고 남용하면, 결과적으로 부정적인 반응이 되돌아올 것을 각오해야 하는 처지가 되고 만다.

앞에 말한 사람의 경우, 하던 일은 모두 엉망이 되고 질병까지 걸리게 되었다. 정신적인 능력을 오용하여 인생을 망친 또 다른 사례로, 신경 쇠약과 알코올 중독자가 되어 결국 병원에 감금된 사람도 있다.

텔레파시 능력을 계발하는 유익한 방법은 궁금한 사람과 상황을 생각하는 것이다. 궁금증과 더불어 관련된 당사자의 이름을 적는다. 그런 다음 매일 일정한 시간 동안 자리에 앉아 그 사람의 이름을 보면서 그를 생각하고, 마음속으로 질문을 던진다. 조용히 당신의 마음속에 떠오르는 생각에 귀를 기울이는 것이다.

그것이 곧 질문에 대한 대답이 되는 것이다. 대답이 곧 나오지 않는다면 나중에 당신의 머릿속으로 번쩍 스치고 지나갈 수도 있다. 그렇지 않다면 매일 앞의 과정을 되풀이하는 동안 텔레파시를 통해 답이 드러날 것이다. 단순히 실천만 하면 된다.

이 방법을 제대로 활용하면, 정상적인 과정을 통해 얻을 수 있는 것보다 훨씬 더 쉽고 빠르게 정보를 얻을 수 있다.

두 번째 특별한 능력, 투시력

부를 향한 특별한 능력 중 두 번째는 투시력이다. 말 그대로 꿰뚫어 볼 수 있는 능력으로, 오감(五感)을 사용하지 않고도 외적인 사실이나 사건을 인지해낸다.

과거와 현재, 미래의 사건들이 모두 투시의 대상이 될 수 있다. 그러나 과학자들은 대부분 투시력을 가리켜 일종의 '예지력'으로서 미래의 사건을 미리 내다보는 능력이라고 기술해왔다.

시대를 막론하고 성직자 중에는 투시 능력을 훈련받은 사람들이 있었다. 고대 중국과 이집트, 멕시코와 아메리카 인디언들도 먼 곳에서 일어나는 사건에 대한 인지력을 키우려고 애썼다.

투시력을 키울 땐 오로지 외적인 사실과 사건에 대해서 인지력을 높이는 데에만 중점을 두어야 한다. 전쟁이나 범죄, 질병 등 파괴적인 믿음이 혼재하는 인간의 정신 영역에 대해서 투시력을 행사하려고 해서는 안 된다.

나는 부정적인 방향으로 투시 능력을 발전시킨 여성이 어떤 결과를 얻었는지 잘 알고 있다. 부정적인 생각과 상황에만 집중함으로써, 그녀의 인생은 결국 파멸과 불균형을 초래하고야 말았다. 남편이 곁을 떠나고 아이들마저 빼앗겼으며, 건강이 나빠졌음은 물론 정신까지 심각하게 분열되었던 것이다.

부정적인 사건에만 투시력을 사용한다면 결국 정신은 황폐화되고, 긍정적이고 발전적인 인생에 대한 인지력을 더욱더 멀어지게 만들 뿐이다. 그러므로 부정적인 생각에 집착할 필요가 없다.

반면 좋은 쪽으로 투시 능력을 계발하고자 할 때, 자신은 물론 다른 사람들의 안녕에도 기여하게 될 것이다.

요즘 미래의 부정적인 사건을 놀라운 투시 능력으로 예견하는 사람들이 등장해 많은 화제가 되고 있다. 그러니 일반 대중들이 투시력을 기피하는 것은 결코 이상한 일이 아니다. 이미 자신의 인생살이만으로도 충분한데 거기에 세상 근심까지 더 얹고 싶지 않은 것이다.

문제 해결에 도움이 된 투시력

어느 사업가가 다른 두 명의 사업가와 분쟁에 휘말려 있었다. 그는 문제를 해결하는 데 필요한 모든 수단을 강구해보았지만 아무 소용이 없었다.

어느 날 밤 친구와 골치 아픈 그 일을 놓고 전화로 의논을 하던 그는, 할 수 있는 일은 다 해보았으니 이제 원하는 대로 해결되기만을 기다릴 수밖에 없다고 말했다.

그런데 통화를 마치자마자 분쟁에 관련된 한 사람의 얼굴이 번쩍 하고 떠올랐다. 그리고 그 사람이 조만간 찾아와서 분쟁을 해결하리라는 확신이 들었다.

그는 순간적으로 떠오른 투시력 현상에 대해 아무에게도 말하지 않고 혼자 이렇게 다짐했다.

"투시력을 통해서 완벽하고도 조화로운 해결에 필요한 모든 것들이 저절로 드러날 것이다."

이틀 후 늦은 오후에 막 회의를 마치려는 순간이었다. 바로 그 사람이 찾아와서 기다리고 있는 것이 아닌가! 그는 정중하게 맞아들이며 이렇게 말했다.

"우리가 함께 이야기해보면 의견 차이를 극복할 수 있는 방안이 나오리라고 믿습니다."

그리고 그들은 그렇게 할 수 있었다.

세 번째 특별한 능력, 예지력

예지력은 성공을 달성하는 데 특별한 능력을 발휘하는 또 다른 요소이다. 투시력이 먼 데서 벌어지는 과거나 현재의 사건을 인지하는 것이라면, 예지력은 미래의 사건을 앞서 볼 수 있는 투시력의 한 종류라고 할 수 있다. 때로는 꿈이나 영감을 통해서 미래의 사건을 보기도 한다.

다음주에 있을 일을 미리 내다보는 어린아이가 있었다. 아이는 나를 찾아와 이렇게 질문을 던졌다.

"다음주에 일어날 일을 모두 알고 있다면 어떻게 해야 될까요?"

나는 아이가 미리 보았다는 모든 일을 종이에 적어서, 다음주에 다시 얘기해보자고 했다.

다시 만났을 때 아이가 가져온 메모를 보니 사실 그리 중요한 일은 아니었다. 부모가 용돈을 얼마나 줄지, 주일 학교에서 무슨 일이 벌어질지, 학교 운동 경기에서 승부가 어떻게 날지를 아는 정도였다. 심지어 그 주에 아이스크림을 몇 개나 사먹을 수 있을지까지도 알고 있었다. 어느 날 밤 시험 공부를 할 때는 몹시 괴로웠다고 한다. 94점을 받을 것을 이미 알고 있기 때문이었다.

때로는 다음주뿐만 아니라 그 다음주까지 내다본다고도 했다. 나는 아이더러 예지 능력을 다른 사람하고 의논하지 말고, 다음과 같이 소리내어 혼자 다짐해보라고 권했다.

"신성한 예지력이 내가 앞으로 갈 길을 쉽고 성공적으로 만들어주고 있다. 나는 내 인생을 위해, 가장 좋은 것을 얻기 위해서 꼭 필요한 일만을 알게 될 것이다."

또한 아이에게는 아무런 잘못된 것이 없으며 앞일을

내다보는 능력은 매우 특별한 능력이라는 것, 그 능력은 사실 모든 사람들이 가지고 있지만 제대로 발전시키는 사람이 거의 없음을 확인시켜주었다.

그리고 좋지 않은 일을 미리 알았을 때 "안 돼!" 하고 말함으로써 마음에서부터 그 일을 해결할 수 있다고 알려주자 아이는 뛸 듯이 기뻐했다.

그 후 아이는 이렇게 생각함으로써 불유쾌한 경험이 됐을 수도 있는 일을 반대로 만들어놓았다고 한다.

"안 돼, 나는 그런 일이 벌어지는 건 원하지 않아. 나는 나한테 가장 좋은 일만을 받아들일 거야."

그리고 그때부터 진정으로 바라는 결과만을 생각하게 되었다고 한다.

네 번째 특별한 능력, 염력

부를 위한 네 번째 특별한 능력은 염력(念力)이다. 물리적 에너지나 도구를 사용하지 않고도 물체에 직접적인 영향을 발휘하는 능력을 말한다.

즉 염력을 이용하면 좋은 쪽으로 영향을 줄 수도 있다는 말이다. 나아가 염력을 부의 원리에 적용하면, 자신의 지갑이나 은행 통장, 옷, 자동차, 건물, 일하고 거주

하는 지역에까지 정신력을 통해 영향을 미칠 수 있다.

이렇게 볼 때, 우리들은 생각에 생각을 거듭할 때마다 자신이 처하는 외부 현실을 계속해서 스스로 형성해가고 있다는 말이 된다.

생각은 무생물에도 영향을 미친다

무생물까지도 우리의 생각, 특히 풍요로운 마음가짐에 정확히 반응한다. 비록 무생물이지만 그 안에는 신성한 지성이 가득 차 있어서, 우리가 어떤 생각을 가지고 있는지 그대로 파악해내기 때문이다.

확인해보고 싶다면 주변의 어떤 물체에 이상이 발생했을 때 불평보다는 좋은 방향으로 생각해보라. 효과를 알 수 있을 것이다.

어떤 회사에 처음 구입할 때부터 제대로 작동하지 않고 말썽을 부리는 전동 타자기가 있었다. 사실은 그 회사의 사장이 타자기 구입을 놓고 속으로는 고까워하고 있었기 때문이다.

속으로는 종업원들한테 새 타자기를 사주고 싶지 않은데 억지로 구입을 했던 터라, 그는 틈만 나면 타자기 탓을 하곤 했다. 타자기라는 무생물을 대상으로 부정적인 염력을 행사한 것이다.

무생물일지라도 우리 주변의 모든 사물은 지성으로 가득 차 있다. 그런 무생물을 통해서도 지혜롭고 조화로운 결과를 얻고 싶다면, 먼저 따뜻하고 부드러운 마음으로 다루어야 한다.

어떤 부인이 필요한 물건들을 자기 앞으로 끌어들이기 위해 염력을 어떻게 사용했는지 가르쳐주었다.

지난 몇 년 동안 그녀와 남편은 식료품비를 감당하느라 무척 고생해야 했다고 한다. 안 그래도 대가족 살림을 하는데다가 주변 친척들까지 자주 찾아오기 때문에, 그들의 식료품 저장실은 그야말로 '싹쓸이'가 되는 일이 허다했던 것이다.

그들 부부는 물론 친척들과 가깝게 지내는 것을 좋아하기는 했지만 식비를 더 이상 감당할 수 없는 지경에까지 이르고 말았다.

그러던 어느 날 아내는 '염력'을 통해 필요한 식료품을 자신의 주방에 끌어들여보자고 결심했다.

그녀는 음식 재료들을 종류별로 떠올리며, 그것이 자신의 주방까지 운반돼오는 과정에 정신을 집중했다. 어부의 손에서 시장으로 그리고 자신에게로 해산물이 도착하는 과정을 생각했다. 목장의 소가 주인의 손을 거쳐 마침내 자신의 손에 도착하는 과정을 상상했다. 야채,

통조림, 냉동 식품, 빵들도 그렇게 상상해나갔다.

그럴 때마다 해당 음식물을 요리해 먹을 수 있도록 모든 과정에 참여한 사람들에게 감사의 마음을 잊지 않았다. 경제적 부담이나 물량 부족 따위는 걱정하지 않고, 오직 자신의 주방에 필요한 모든 종류의 음식을 미리 상상해나갔다.

그런 후부터 친척들은 부부의 집을 찾아올 때마다 훌륭한 요릿감을 준비해오기 시작했다. 해안에 사는 사람은 싱싱한 해산물을, 다른 사람들은 빵이나 유제품, 육류 등을 사들고 왔다.

그리하여 부부는 더 이상 식비나 식료품 부족을 걱정하지 않게 되었다. 마치 다양한 식료품들이 그녀가 얼마나 고마워하는지를 미리 알고서 품속으로 마구 쏟아져 들어오는 것만 같았다.

모든 사물이 마음가짐을 반영한다

자신의 경제 상황에 대해 부정적으로 말한다면 염력이라는 특별한 능력을 잘못 이용하고 있는 것이다. 입으로 뱉은 모든 말은 곧 자신의 주변 세계에 강력한 영향을 미치기 때문이다.

어떤 사람이 목련나무를 사서 정원에 심었다. 봄마다 우아한 꽃과 향기를 즐기고 싶어서였다. 그러나 농원 주인은 그 나무가 앞으로 7년간은 꽃을 피우지 않을 것이라고 일러주었다.

남자는 정원에 심은 목련나무를 돌보면서 다정하게 어루만지고 늘 꽃이 핀 광경을 상상하곤 했다. 그러자 단 4년 만에 목련나무는 새하얀 꽃을 풍성하게 피웠다고 한다.

그러므로 어떤 대상을 놓고 비꼬거나 깎아내리는 식으로 말해서는 안 된다. 옷이나 가구 등 생명이 없는 물건일지라도 "이 구닥다리는 정말 지겨워" 하는 식으로 말해선 안 되는 것이다. 그 물건들을 영영 없애버리고 싶지 않다면 말이다.

주변의 모든 사물이 우리의 마음가짐을 반영하여 고스란히 현실로 드러낸다는 점을 명심하자.

명랑하고 사랑스러운 어느 부인과 즐거운 시간을 보낸 적이 있었다. 늘 밝고 낭만적인 생각만 해서인지, 그녀가 사는 공간까지도 우아하고 빛이 나는 것 같았다.

약 1년 뒤 똑같은 장소에 가볼 기회가 생겼는데 부인은 이미 그곳에 살고 있지 않았다.

그런데 똑같은 공간에서 그전 같은 느낌을 받을 수가 없었다. 가구나 커튼, 장식물 등은 그대로였지만 그렇게도 온화하고 따사롭던 분위기는 온데간데 없었던 것이다. 심지어 어떤 가구들은 몹시 낡고 초라하게만 보였다. 1년 사이에 그렇게 변할 수는 없는 일이었다.

그때 나는 비로소 깨달았다. 그 부인의 아름답고 상냥한 생각들이 바로 그 장소의 사랑스러움을 지탱하고 있었다는 것을 말이다.

특별한 능력들을 믿어라

지금까지 살펴본 바와 같이, 우리는 모두 네 가지의 특별한 능력을 우리 안에 지니고 있다. 그러나 이 사실을 믿기란 그리 쉬운 일이 아닐 것이다.

그렇다고 해도 부와 성공을 거둘 수 있는 심오하고도 특별한 능력이 있다는 사실을 결코 의심해서는 안 된다. 과감하게 믿고 발휘해보자.

믿고 실천할 때, 앞에 소개한 네 가지의 특별한 능력들이야말로 인생의 승리를 위한 필수 장비임을 깨닫게 될 것이다.

부의 법칙

14 자신감을 가져라

어떤 증권 중개인이 다양한 각도에서 부의 법칙을 연구해보았다. 고객 중에서도 부의 마음가짐을 가진 사람들을 관찰하고 성공한 사람들의 전기를 많이 읽었다. 그렇게 관찰하고 연구한 결과 부를 한 마디로 요약했는데 바로 '자신감'이었다. 자신감이란 타고난 능력과 재능에 대한 믿음을 의미한다.

심리학자들은 자신감에 엄청난 힘이 있다고 주장한다. 인간의 능력을 곱절로 발휘할 수 있게 만들기 때문이다. 증권 중개인인 친구 하나는 부의 법칙 중에서도 특히 자신감을 계발하여 일터에 적용하자, 한 달 만에 소득이 네 배나 증가되었다. 불황기에 거둔 성과라서 그 의미는 더욱 특별하다고 하겠다.

우리 모두 자신감을 지니고 태어났다는 사실은 어린 아이들을 관찰해보면 확인할 수 있다. 아이들이란 대부분 마음 닿는 대로, 느끼는 대로 자신 있게 말하고 행동한다. 공포와 편견 등의 사고 습관이 자리잡기 이전이기 때문이다.

아무리 머리가 좋은 아이라고 해도 자신감이 결여돼 있으면, 자신감을 갖춘 평범한 아이에 비해 성공적인 인생을 살 수 있는 가능성이 절반도 되지 않는다.

어떤 사람들은 높은 보수를 받는 위치로 승진하는데 또 어떤 다른 사람들은 동등한, 심지어 더 나은 교육을 받고도 왜 성공하지 못하는지 궁금할 것이다.

관심을 갖고 관찰해보면, 진정한 의미의 성공을 거둔 사람들은 자기 자신과 성공에 대한 확신을 갖고 있었음을 알 수 있다.

그런 사람들은 균형 감각과 자신감을 발산하여 주변 사람들까지 자연스럽게 그들을 믿게 하고 그들의 생각을 지지하게 만든다. 자신감의 가장 큰 장점은 바로 전염성이 있다는 것이다! 자신감이 넘치는 사람은 주변 사람들을 자극하고 영향을 미친다.

반면 자신감이 없는 사람에게는 어느 누구도 관심을 갖지 않는다. 그들은 사람들을 자기 편으로 끌어들이지 못하고, 자신의 가치를 확인시키지도 못한다.

왜냐하면 그런 사람들의 마음은 부정적인 영향력을 발산해 사람들을 오히려 밀어내기 때문이다.

잠들기 전에 자신감 넘치는 생각을 하라

우리 곁으로 부를 이끌어오는 강력한 수단인 자신감. 그 자신감을 발전시키기 위한 가장 효과적인 방법은 잠들기 전에 자신감 넘치는 생각으로 마음에 양분을 주는 것이다.

성공과 부, 좋은 결과에 대한 행복하고도 설레는 생각으로 마음을 가득 채울 때, 우리의 잠재의식은 그런 생각들을 일종의 명령으로 받아들인다.

그리하여 잠자는 동안에 잠재의식은 우리를 위해 충실하게 풍요로운 내일을 만들 준비를 한다. (앞 장에서 언급한 바와 같이) 내일은 어떻게 되었으면 좋겠다고 미리 상상해놓음으로써, 그 전날 밤에 '통제권'을 획득하는 것이다.

어느 아름다운 모델이 이 방법을 적용하여 만족한 결과를 얻었다.

그녀는 실연의 아픔으로 인해 우울증에 빠졌고 자신감마저 상실했다. 그러던 어느 날 잠자는 동안 벌어지는 잠재의식의 활동에 대한 책을 읽게 되었다.

마음을 지배하는 주된 생각을 바꿈으로써 불만족스러운 현실까지 바꿔놓을 수 있다는 것을 깨달은 그녀는, 마음이 잘 맞는 멋진 남자를 만난다면 얼마나 좋을까 하고 생각하기 시작했다. 또한 어떤 스타일의 남자를 만나고 싶은지 조용히 생각해보았다. 그렇게 하면서 그녀는 깊은 잠 속으로 빠져들 수 있었다.

그리고 어느 날 아침 일찍 한 남자로부터 전화를 받게 되었다. 그녀의 친구를 통해 전화번호를 알아냈다며 어느 청년이 걸어온 전화였다. 얼마 후 그녀는 그 청년이야말로 바로 자신이 꿈꾸던 바로 그 사람임을 확신하게 되었다.

소리내어 다짐하면 자신감이 커진다

성공에 대한 자신감을 키우기 위해서는 앞에서 소개한 '명령의 법칙'을 다시 한 번 읽고 실천해보기를 적극적으로 권한다. 조용한 장소에서, 하루에 최소한 5분씩, 소리를 내어서! 이 세 가지 방법으로 다짐과 선언을 실천하는 것이다.

또한 카드나 메모지에 다짐 내용을 적어놓고 한창 분주한 낮 시간에도 틈틈이 들여다보도록 한다. 두려움이나 의심이 생겨날 때마다 꺼내 보는 게 좋다. 전화벨이 울리고 사람들이 붐비는 소란스러운 환경 속에서도 이 방법은 얼마든지 실천이 가능하다.

백과사전을 만드는 출판사에서 세일즈맨 교육을 담당하는 사람이 바로 이 방법을 적용했다. 직원들은 지독한 불경기 탓에 아무도 책을 사려고 하지 않는다며 빈손으로 돌아오기 일쑤였다.

그에겐 그들을 긍정적이고도 자신감 넘치는 인재로 훈련시킬 책임이 있었다. 직원들이 비관적인 자세를 버리고 실적을 올리게 하기 위해 그가 할 수 있는 방법은 한 가지뿐이었다. 조용한 공간으로 들어가서, 선언 내용을 적은 쪽지를 꺼내서 읽고 또 읽는 것이었다.

그는 가슴을 펴고 심호흡을 하고는 부하직원들에게 돌아갔다. 그런 다음 그들의 우수한 판매 능력을 믿고 있으며, 제품의 우수성과 고객들의 수요를 믿고 있다고 말했다. 그렇게 직원들의 판매 능력에 대한 확신을 매일 심어 주자 실적은 다시 오르기 시작했다.

성공과 자신감, 완벽한 성과를 확신하는 선언문을 최소한 하루에 한 번, 15번씩(또는 그 이상) 글로 적어보자. 자신감이 담긴 글귀를 종이에 적음으로써 잠재의식 속에 그러한 생각을 더욱 단단하게 뿌리 내리게 할 수 있다.

그러한 행동을 통해 만족스러운 결과를 더욱 빨리 그리고 확실하게 이룰 수 있을 것이다. 다짐은 자신감을 만드는 가장 강력한 수단이다.

현금 다발을 안고도 어두운 뒷골목을 무사히 빠져나온 사람이 있었다. 그는 빌려준 돈을 받기 위해 어쩔 수 없이 어두컴컴한 골목으로 들어가는 수밖에 없었다.

그리고 돈을 받아 막 어두운 빌딩 모퉁이를 돌아나온 순간, 수상한 두 남자가 바로 앞에 서 있는 것을 보게 되었다. 그 중 한 사람은 무기까지 들고 있었다. 자칫하면 돈은 물론이고 생명까지 위험할 수도 있는 상황이었다. 그런데도 그는 무사히 모퉁이를 돌아나왔고, 두 남자는 현금을 두둑히 지닌 그가 지나치는 걸 묵묵히 보고만 있었다.

당시 그는 뒷골목에 들어갈 때부터 끊임없이 "해(害)를 두려워하지 않을 것은 주께서 나와 함께 함이라(시편 23장)"는 구절을 머릿속에서 계속 떠올리고 있었다고 한다.

상상력을 통해 자신감을 키워라

성공에 대한 자신감을 키우기 위해서는 앞에서 강조한, 상상력에 대한 내용을 다시 한 번 읽어보라고 권하고 싶다. 획득하고자 하는 현실의 목표를 마음속에 그림으로 그려보라. 매일 이러한 노력을 기울인다면 마음속은 온통 바라는 목표에 대한 확실한 이미지로 가득 채워지게 될 것이다.

나 역시 마음속으로 성공에 대한 그림을 그리면서 이렇게 되뇌곤 했다.

"지금 좋은 일이 나에게 일어나기 시작했다."

마음속으로 상상하는 일이 영 익숙해지지 않으면, 즉 목표 실현에 대한 확신이 의식적으로는 불가능하다면, 바라는 결과를 실제 그림으로 그려서 매일 볼 수 있는 곳에 고정시켜두는 것도 좋다. 잠재의식이 그 그림을 받아들여 확신할 수 있게 만들어줄 것이다.

자신감을 키울 수 있는 또 다른 즐거운 방법은 자신감을 가진 사람들과 어울리는 것이다. 그러면 무의식적으로 확신에 찬 그들의 마음가짐을 흡수하기 때문이다.

성공을 향해 집중하고 있는 사람 한두 명과 접촉할 때, 그들은 우리의 잠재의식에 영감을 불어넣어 사고 방식과 기대 수준을 한층 상승하게 만드는 것이다.

장점을 살려줘라

자신의 자신감도 키우고 타인의 자신감도 함께 불러일으킬 수 있는 결정적인 방법이 있다. 칭찬과 감사의 표현을 아끼지 않으며 상대방이 가진 장점을 살려주는 것이다. 자신 있게 상대방의 장점을 지적하고 과감하게 칭찬해보자. 친절하고 의욕을 북돋아주는 방향으로 말을 해보자.

사업에 실패해서 실의에 빠진 남편을, 아내가 매일같이 자신감을 되찾도록 격려해 재기에 성공시킨 경우도 있다.

패션계에서 명성을 날리는 어느 광고 사진작가는, 촬영하기 전에 모델들에게 자신감을 일깨워주는 말을 함으로써 큰 효과를 본다고 말했다. 모델의 능력을 믿고 있음을 확인시키는 간단한 방법이지만 그 효력은 탁월하다. 모델들의 자태는 카메라 앞에서 빛을 발하며, 평균 작업 시간의 절반도 안 돼 두 배의 능률을 올릴 수 있다는 것이다. 재촬영이 필요한 경우도 거의 없었다.

누군가에게서 좋은 점을 발견했다면, 일깨워주도록 하자. 성공을 향해 분투중인 사람에게 믿음을 갖고 있다면, 알게 해주는 게 좋다. 성공한 후에 말해보았자 뒷북을 치는 것밖에 안 된다.

"존, 자네가 정말 자랑스럽네. 언젠가 이런 날이 올 줄 알았지."

상대방이 성공을 이루기 전에 칭찬과 성공에 대한 확신을 일러주는 게 좋다. 그때야말로 그런 말이 간절히 필요한 때이기 때문이다(앞으로 '매력'에 대해 말할 때에도 이 사실을 다룰 것이다).

사람들은 대부분 가면을 쓴다. 그 뒤에 가려진 진짜 얼굴을 보게 된다면, 우리가 던지는 칭찬 한마디가 그들에게 얼마나 큰 힘이 되는지 확인할 수 있을 것이다. 그것은 물에 빠진 사람에게 던져주는 구명 밧줄과도 같다.

그러므로 칭찬해줄 만한 기회가 있다면 지체하지 말고 얼른 실행에 옮겨야 한다. 한 사람의 운명이 성공으로 향할 수 있는 중대한 전환점이 될 수도 있기 때문이다.

온 세상이 성공했다고 인정하는 사람들조차 확신이나 칭찬, 감사의 표현을 간절히 원한다. 진심에서 우러난 자신감의 표현은 기적의 힘을 발휘하는 것이다.

어느 가정주부의 글을 통해서 이 진리의 효력을 확인할 수 있었다.

감사와 칭찬의 말이 어떤 효력을 발휘하는지 나보다 더 잘 아는 사람은 없을 거예요. 이 사실을 깨닫기 전에 나는 만성적인 불평꾼에 험담꾼이었답니다.

그러다가 자신감과 감사, 배려가 담긴 말의 중요성을 알게 되었고, 주변 사람들한테 실천하자마자 내 온몸과 마음에서 고통이 사라지기 시작했습니다.

사람들한테 칭찬과 확신에 찬 말을 해주자, 그때부터 내 가정에도 변화가 일어났지요. 특히 집안 일을 도와주는 사람하고 아이들을 대하는 게 달라졌어요. 예전처럼 사소한 일로 짜증을 내거나 꾸짖지 않고 기회있을 때마다 칭찬을 해주었습니다.

그렇게 신뢰감을 표현할 때 더 좋은 결과를 얻는다는 걸 알 수 있었지요. 칭찬 몇 마디가 기적을 불러올 수 있다는 것을 나는 직접 경험하고 있습니다.

칭찬의 위력

칭찬을 해줄 때 얼마나 놀라운 위력이 발휘되는지 목격한 적이 있다.

부부와 다섯 자녀가 사는 행복한 가정을 방문했을 때였다. 나는 명랑하고 예의 바른 다섯 아이들을 보며 이런 질문을 던져보았다.

"요즘같이 자녀 문제가 심각한 시대에, 어쩌면 아이들을 이렇게 잘 키우셨어요? 무슨 비결이라도 있나요?"

부인은 수줍어하면서도 망설이지 않고 대답했다.

"남편이 바로 비결이에요. 아이들하고 얼마나 잘 어울리는지 몰라요."

'일주일 내내 하루에 열 시간씩 일하면서 어떻게 아이들하고 잘 어울릴 수가 있다는 말이지?'

처음에는 속으로 반신반의하면서 빈정대기도 했지만, 아내의 말에 자랑스러워하는 남편의 얼굴을 보고 내 생각이 틀렸음을 알 수 있었다. 자신이 정말로 좋은 아빠라고 생각하고 있었던 것이다!

곧이어 야외에서 식사 준비를 하면서 아내가 남편에게 진지하게 칭찬의 말을 건넸다.

"여보, 당신의 불 만드는 솜씨는 최고예요."

나는 또다시 속으로 비웃었다.

'세상에, 불 지피는 걸 가지고 만든다고 하네?'

그런데 그 말은 정말로 효험이 있었다. 남편은 마치 캠프파이어를 하는 것처럼 멋진 불꽃을 만들어냈던 것이다.

만약에 그가 불을 지피다가 실수를 했어도 아내는 결코 핀잔하지 않고 이렇게 말했을 것이다.

"우리 남편 꼭 소방수 같지요?"

그 가족이 그토록 행복하게 사는 것은 결코 이상한 일이 아니었다.

자신감은 은밀하게 불러일으켜라

의도적으로 칭찬하고 배려하고 감사하는 표현을 하는 것은 물론, 상대방을 위해서 이렇게 조용히 선언해보자.

"……(상대방의 이름을 부르고 나서), 나는 당신의 능력을 믿습니다. 지금 당신이 성공에서 더 큰 성공을 향해 나아가고 있음을 확신합니다. 당신이 거둘 성공은 크고도 강력하며 절대 억누를 수 없는 것이지요. 그것이 지금 눈앞에 다가오고 있습니다."

다른 사람에게 최면을 걸라는 말이 아니다. 성공을 향해 생각을 집중할 때 어떤 이득이 올 수 있는지를 알게 해주라는 뜻이다. 다른 사람의 마음을 지배하는 것은 결코 '부의 사상가'가 할 일이 아니다.

최면이란 의학과 과학 분야의 연구 대상이지만 우리가 평상시에 이용할 수 있는 원리는 아니다. 한 사람이 다른 사람의 생각을 지배할 권리는 결코 없다. 그렇게 하면 오히려 관련된 모든 사람들에게 혼란과 불행을 가져다줄 뿐이다.

자유란 온 우주에 통용되는 위대한 원리 중 하나이며 부의 사상가라면 그 사실을 잘 알고 있어야 한다.

타인의 성공과 부를 확신하고 기원해줄 때, 다른 사람을 정신적으로 지배하는 위험한 일은 결코 일어나지 않는다. 이기적인 목적을 가지고 다른 사람에게 어떤 행동을 유도하거나 강요하려 할 때, 바로 지배하려는 욕구가 꿈틀대는 것이다.

그러므로 자기 자신과 타인의 품위와 성공에 대해 소리내어 다짐하는 것은 결코 최면을 거는 게 아니다. 오히려 습관적으로 받아들이곤 했던 좌절과 부정이라는 최면에서 벗어날 수 있게 도와줄 것이다.

어느 대기업의 간부는 직원들에게 칭찬과 감사, 자신감을 북돋는 말을 해줌으로써 성공을 이루었다. 한번은 가석방된 청년이 일자리를 구하러 왔을 때였다. 그는 그 청년이 가진 능력이 좋은 방향으로 쓰일 수 있다는 믿음을 표현하며 고용을 약속했다.

그를 채용하고도 몇 년 동안 그는 문제의 직원을 향해 자신감과 기대가 담긴 격려를 그치지 않았다. 그 전과자가 바로 지금 그 회사의 중견 사원으로 활약하고 있다.

자신감을 곱절로 키워라

자신을 향해서든 타인을 향해서든, 자신감을 키워주는 쪽으로 말을 한다면 그 이득이 어느 정도나 될지 아마 짐작조차 못할 것이다.

바로 여기에 동서고금의 진리라 할 수 있는 '발산과 흡수'의 원리가 또다시 적용된다.

타인을 향해 '발산'한 것은 곱절로 '흡수'하게 돼 있는 진리에 따라, 누군가를 향해서 자신감을 북돋는 언급을 했다면 곧 자신을 향해 자신감을 끌어들일 수밖에 없는 것이다.

자신감을 키울 수 있는 다양한 방법을 소개했지만 결코 과소평가해서는 안 될 또 한 가지 방법이 있다. 심리학자들은 기도가 자신감을 키우는 데 세상에서 가장 강력한 수단 중의 하나라고 주장하고 있으며 나 역시 그렇게 생각한다.

기도를 통해 우리는 자신의 마음과 주변 세계에 엄청난 능력을 발휘하는 신성한 세계의 문을 두드릴 수 있다. 그 문을 열고 자신감과 열망으로 자신을 충만하게 채워보라.

'할 수 있다고 믿는 사람'만이 성공한다. 그러므로 자신감을 키우기 위해 노력할 때 진정한 능력이 자라날 수 있는 것이다.

자신감 넘치는 생각은 물론 자신감 있는 외모를 만들기 위해서도 최선의 노력을 다해야 한다.

자기 자신과 타인에게 확실한 성공의 이미지를 심어줄 수 있는 방법 중 하나이기 때문이다.

거기에 주변 사람들까지 영향을 받아 당신의 성공을 기대하고 신뢰할 수 있게 된다.

자신감은 일종의 습관처럼 몸과 마음에 단단히 밸 정도가 되어야 한다. 그래야 비로소 자신감이 무의식 속에서도 우리를 위해 일하게 되고, 성공과 부가 성큼 다가오게 될 것이다.

부의 법칙

15 당신의 매력을 발휘하라

제임스 배리 경은 매력의 중요성에 대해 이렇게 표현했다.

"매력을 가지고 있다면 다른 것은 아무것도 필요 없다. 가지고 있지 않다면 어떤 것을 가지고 있다 해도 소용 없다."

'매력'은 세상의 모든 사람들을 매료시키는 말이다. 예전에 앨라배마 주에 있는 어느 여성 클럽의 오찬 모임에 연설을 하러 갔을 때였다. 유일한 남성 참가자는 나보다 앞서 기조 연설을 하는 사람이었다.

그의 차례가 끝나자마자, 클럽 회장은 "얼마나 바쁘신지 잘 압니다. 원하시면 지금 자리를 뜨셔도 되는데요" 하고 권했다.

그런데 그 남자한테서 뜻밖의 대답이 나왔다.

"오, 괜찮습니다. 나도 남아서 매력에 대해 공부를 좀 더 하고 싶어요. 남자들도 거기에 관심이 많답니다."

그 일을 계기로 나는 매력에 대한 연구와 집필에 더욱 자신감을 갖게 되었다. 문서 분쇄기가 나오지 않은 시절이었다. 매력에 관한 원고를 완성한 뒤 초고를 쓰레기통에 버렸는데, 건물 관리인이 가져가서 좀 읽어봐도 되겠느냐고 물어왔다.

"저도 매력이란 게 뭔지 좀 알고 싶어서요."

최근에 피닉스 컨트리 클럽에서 5백여 명의 여성을 대상으로 매력에 대한 강연 초빙을 받았을 때였다. 강연장에 가보니 일대 소동이 벌어지고 있었다. 참석자들의 남편들까지 찾아와서 아수라장이 되었던 것이다!

예나 지금이나 성별을 가리지 않고 모든 사람들은 '매력적인 사람'이 되고 싶어한다. 매력이라는 말은 말로는 형언할 수 없는 신비한 힘으로 사람들을 매혹시킨다. 자, 그렇다면 매력 있는 사람이 되려면 어떻게 해야 하는지 이제부터 알아보기로 하자.

매력과 부의 관계

'그런데 도대체 매력하고 부가 무슨 관계가 있다는 거야?'

지금 이런 생각을 하지 않았는가?

확실하게 대답하겠다. 모든 면에서 관계가 있다!

매력을 한마디로 표현하자면 바로 '조화'이기 때문이다. 신체와 마음, 대인 관계, 일터의 분위기 등 모든 분야에서 우리는 조화를 원한다. 조화는 부와 성공을 위해 갖추어야 할 첫 번째 필수 요건이다. 반면 부조화는 부와 성공을 멀리 밀어내고 파괴시켜버린다.

텍사스에 위치하고 있으며, 은행과 보험, 부동산 개발을 주업무로 하는 유명 기업의 경영주는 직원 채용 기준에 대해 이렇게 밝혔다.

"우리는 조화롭고 평화롭게 일할 수 있는 사람을 찾고 있습니다. 소란하고 부산스러운 사람은 절대 채용하지 않으며 직원들이 서로를 험담하는 것도 주의시키고 있지요. 이렇게 조직 내에서 조화와 평화를 강조함으로써 수백만 달러를 주무르는 탄탄한 기업으로 발전할 수 있었습니다."

그렇다. 바로 매력은 조화이고 조화는 그대로 부를 끌어들인다.

매력에는 나이 제한이 없다

매거리 윌슨은 저서 『매력』에서 이렇게 말했다.

"매력이란 특정 연령에 속한 것이 아니다. 늙었거나 젊었거나 모든 사람들이 동경하는 것이다."

돌아가신 시어머니 폰더 여사가 바로 그것을 증명한 분이다. 처음 뵈었을 때가 60대였고 89세를 일기로 돌아가셨다. 그러나 그 세월 동안에 그분은 진정한 매력이 무엇인지를 가르쳐주었다. 성공학이나 문화 강좌 등을 수강하지는 않았지만, 늘 자신의 의견보다는 상대방의 관심사에 맞춰 대화를 나눌 줄 알았다.

전형적인 남부 출신의 여성답게 예의범절이 깍듯했던 그분은, 미인은 아니었지만 사람들의 마음속에서 쉽게 잊혀지지 않는 타입이었다. 또한 젊은 세대들이 당황할 정도로 새롭고 신기한 것에 관심이 많았다. 말년을 질병의 고통 속에서 보내야 했지만 결코 그런 일은 화제로 삼지 않았다. 마지막까지 치어리더처럼 사람들을 유쾌하게 만들어주었던 분이다.

그분을 만나기 전에는 왜 주변 사람들이 그분을 그렇게 애정을 담아서 표현하는지 알지 못했다. 그러나 일단 만난 후에는 그 이유를 알 수 있었다.

또 다른 매력적인 인물로는 78세의 어느 노인을 꼽을

수 있다. 어느 추운 날 그분이 입원한 병원에 문병을 가야 했다. 그날 따라 스케줄이 꽉 차 있어서 병원에 갔을 때에는 지칠 대로 지쳐 기분까지 침울한 상태였다.

그러나 내가 병실로 들어서자마자 그는 병원에서 있었던 우스꽝스러운 경험들을 하나씩 이야기하기 시작했고, 나는 금세 기분이 좋아지기 시작했다. 병원 문을 나설 무렵에는 세상 꼭대기에 올라선 것처럼 다시 원기를 회복한 상태였다.

그리고 그 매력적인 노인에 대해서 다시금 생각하게 되었다. 그는 매 순간 순간, 살아 있는 시간을 즐겼다.

앞에서 소개한 바와 같이 어느 교사가 10대 학생들에게 익명으로 설문 조사를 한 결과, 그들이 기본적으로 소망하는 것은 여러 가지 관계에 있어서의 '조화'였다.

연령대를 불문하고 모든 사람들이 이렇게 조화를 열망하고 있다. 그러므로 매력은 요람에서 무덤에 이르기까지 끊임없이 계발되어야 하는 것이다.

매력은 누구에게나 잠재돼 있다

지금까지 오랜 세월 동안 수천 명의 사람들을 만나보았지만, 진정한 매력을 발산하는 사람이라면 얼마든지 더 만나보고 싶다.

매력이란 대부분 매우 짧은 시간 동안에 드물게 느낄 수 있는 것이지만 매우 오랜 여운을 남긴다. 또 매력은 누구는 가질 수 있고 누구는 가질 수 없는 '특혜'가 아니지만, 보통 사람들은 대부분 그렇게 믿고 있다.

사실 매력이란 모든 사람에게 잠재돼 있으며 발산될 날만을 기다리고 있는 것이다.

매력은 '미(美)'와도 같아서 그 사람의 눈 속에 드러나게 마련이며 노력한 정도에 따라서 사람들마다 차이가 있다.

내가 연구한 바에 의하면, 우리가 계발하고 표현하고 누릴 수 있는 매력에는 두 가지 차원이 있다. 첫째는 정신적 · 정서적인 매력이고, 두 번째는 신체적인 매력을 말한다.

정신적 · 정서적 매력

매력에 대해 내가 집중적인 관심을 갖게 된 것은 목사로서 막 새로운 삶을 시작하던 무렵이었다. 어느 여름날 저녁 젊은 여성이 나를 꼭 만나고 싶다고 전화를 걸어왔다.

처음 그녀를 만났을 때, 너무나 아름답고 우아한 모습에 나는 넋이 나갈 정도로 놀랐다.

사실 그녀가 상담하러 온 문제보다 그녀의 매력에 더 관심이 갔던 게 사실이다. 당시 그 여성은 모델 학교를 운영하고 있었는데, 아마 그녀 자신이 학교의 좋은 홍보감일 것이라고 생각됐다.

그때 일이 계기가 되어 우리는 수십 년간 지속되는 우정을 쌓았으며 매력이라는 주제에 대해 함께 고민하기 시작했다.

그녀는 매력의 두 가지 차원에 대해 알고 난 뒤, 자신의 모델 학교 교육 과정을 전면적으로 수정했다. 신체적인 매력과 더불어, 매력의 또 다른 면을 강조하기 시작한 것이다.

그리고 그녀는 수강생들에게 긍정적이고 낙천적으로 삶을 살 것과 경험한 모든 일에서 반드시 배울 점이 있음을 가르쳤다. 정신적 매력은 바로 긍정적인 마음가짐을 말하기 때문이다.

그녀의 학생 중에 좋은 일거리를 찾지 못해 애를 태우는 젊은 아가씨가 있었다. 마침내 그녀는 "나는 할 수 없어"라며 자포자기 상태에 빠졌다.

그러나 내 친구는 그런 생각에 제동을 걸었다.

"'나는 안 돼'라는 말은 절대 하지 말아요. 왜냐하면 당신은 할 수 있기 때문이에요."

그리고 강의를 다 마칠 무렵에는 그 아가씨에게도 마음에 맞는 새 일거리가 생겼다.

모델 학교 교육 과정에 이 두 가지 차원의 매력을 포함시킨 결과, 수많은 졸업생들이 사진이나 TV, 패션쇼 모델 등으로 활약하게 되었다. 그들 중에는 부와 명예를 누리는 최고 위치에 오른 이들도 있다.

아울러 그 친구도 인기 강사가 될 수 있었는데 참가한 사람들로부터 "진정한 매력이 무엇인지, 이보다 더 완벽하고 만족스러운 해석은 들은 적이 없었다"는 말을 숱하게 들었다고 한다.

젊은 시절 그녀와 나는 우리 교회를 찾는 여성들을 위해 특별 차밍 강좌를 개설해서 매력에 대해 집중 교육을 한 적이 있었다.

그 강좌는 큰 인기를 끌어서 희망자들을 모두 수용하지 못할 정도였다.

지역 신문에서도 소식을 듣고 취재하러 왔는데, 기자가 강좌 내용에 너무나 열의를 보이는 바람에 간신히 돌려보낼 수 있었다.

친구는 지금 은퇴해서 안락한 생활을 보내고 있는데, 가끔 강연을 나갈 때마다 바로 이 두 가지 차원의 매력을 강조하고 있다고 한다.

매력은 친절이다

정신적 · 정서적인 매력은 기본적으로 '친절'이라고 정의 내릴 수 있다. 친절은 사람들로 하여금 내가 '괜찮은 사람'이라고 생각하도록 만드는 능력이기 때문이다.

사람들이 가장 필요로 하는 것이 바로 '친절하고 정중하게 대접받고자 하는 욕구'라는 연구 결과도 있다.

아무런 문제 없이 평화롭게 사는 것처럼 보이는 사람들조차 가장 간절히 원하는 것이 바로 친절한 대접이다. 그러므로 누구나 친절과 배려를 필요로 한다고 볼 수 있다.

사람은 일종의 감정의 복합체라고 할 수 있기 때문에 친절한 말 한마디로 인해 기분이 달라지고 용기가 솟아나기도 한다.

비행이 취소되는 바람에 공항에서 지루한 대기 시간을 보내고 있을 때였다. 조그만 어린아이가 다가오더니 귀엽게 말을 걸어왔다. 그리고 그 아이와 나눈 몇 마디가 나의 하루를 완전히 바꿔놓았다.

매력 있는 사람은 사람들의 좋은 점을 언급함으로써 망설이지 않고 친절을 표현한다.

누군가에게 칭찬해줄 만한 점이 있다면 입 밖으로 소리내어 말하도록 하자. 당사자에게 직접 말하거나 메모를 남기는 것도 멋진 방법이다.

앞에서 자신감에 대해 언급한 바와 같이, 문제를 겪고 있는 사람에게는 따뜻한 격려가 큰 힘이 된다.

해결될 때까지 기다렸다가 나중에 가서 "그렇게 될 거라고 늘 생각하고 있었어"라고 말한다면, 상대방에게는 아무런 감흥도 주지 못한다.

가장 필요로 할 때 가장 적절한 말을 해주는 게 좋다. 승리의 조짐이 보이기 전에 힘이 되는 말을 해주어야 하는 것이다. 그것이 진정한 친절이요 진정한 매력이다.

정신적 · 정서적으로 매력 있는 사람은 칭찬을 할 줄도 알고 받을 줄도 안다. 칭찬의 말이나 행위를 감사의 간단한 표현과 함께 품위 있게 받아들인다.

아무리 하잘것 없는 일이라도 상대방이 칭찬해준다면 "뭐 그까짓 걸 가지고 그래요?"라고 하지 말고 "고맙습니다. 그렇게 말씀해주시니 기뻐요"라고 말해보라.

그런 식의 응대가 의미도 없고 유치하게 생각될 수도 있다. 그러나 칭찬이나 감사의 표현을 건넨 사람에게는 그렇지 않다. 지나치게 사양하거나 부인한다면 오히려 인사를 건넨 사람으로서는 뺨을 한 대 맞은 기분이 들 수도 있다.

마음씨 좋은 나의 이웃이 추운 겨울날 아파서 누워 있는 친구에게 뜨거운 수프를 만들어주러 갔다가 얼마나 기분이 상했는지를 이야기한 적이 있다.

그 친구는 "고마워. 잘 먹을게"라고 말하지 않았다. 거의 짜증에 가까운 목소리로 "밥맛도 없는데 왜 이랬니? 이럴 필요 없어"라고 반응했다고 한다.

물론 상대방을 불쾌하게 하려는 의도는 없었겠지만 감사의 의미는 분명히 들어 있지 않은 말이다. 내 이웃은 그 말을 듣고 다시는 그 친구를 위해 친절을 베풀지 않으리라 마음먹었다고 한다.

"고마워요."

이 한 마디에 상대방에 대한 배려와 친절한 마음, 곧 매력을 전달할 수 있는 것이다.

신체적 매력

전문가들은 인간이 신체적인 특징에 지대한 영향을 받기 때문에, 낯선 사람에 대한 인상은 처음 만나는 20초 안에 결정된다고 강조한다. 그러므로 신체적인 매력의 위력을 과소평가해서는 안 된다.

현대에는 특히 신체적 매력에 대한 관심이 높다. 많은 사람들이 다이어트와 체조, 다양한 스포츠를 통해 몸과 건강을 관리하려고 애쓰고 있다.

신체적인 매력이란 건강하고 호감을 주는 외모를 가꾸는 것을 말한다. 목소리 톤이나 옷차림, 화장법, 머리 스타일, 장신구 등이 모두 신체적인 매력을 만든다.

미주리 주에 사는 한 독자는 이런 편지를 보내왔다.

"우리 어머니는 치료를 다 받고 화장을 한 다음에야 저하고 얘기를 나누십니다. 저한테 쓸모없는 엄마라는 인상을 주기 싫다고 하시더군요. 그래서 어머니는 충분히 아름답고 건강하다고 말씀드리니까 그제서야 안심하시는 것 같았습니다."

신체적 매력에는 나이 제한이 없다

내가 만난 사람들 중에서 가장 매력적이고도 성공한 여성인 메이 로랜드는 인기 작가이자 연설가이며 교육자이기도 하다. 그녀는 정신적 · 정서적인 매력을 계발하는 데 평생을 보냈지만 신체적인 매력의 중요성 또한 잘 알고 있다.

그래서 그녀는 틈날 때마다 이렇게 다짐하곤 한다.

"나는 젊고 강하며 건강하다. 내 몸이 그 사실을 잘 표현해주고 있다."

그녀는 스퀘어 댄스를 하고 파티에 참가하는 등 활발

한 여가 활동을 즐기고 있다. 적절한 다이어트와 체조, 신선한 공기 예찬론자이며 베란다에 나가서 실외 수면을 즐기기도 한다.

그래서 실제 나이보다 훨씬 젊어 보이는 그녀는 지금도 적극적인 대외 활동을 펴나가고 있다. 서부의 어느 목장에서 알게 되었다는 날씬하고 잘생긴 남편도 그녀의 말년에 행복을 더해주고 있다. 두 사람은 여행과 야외 생활을 함께 즐긴다.

플로리다로 강연 여행을 떠났을 때, 남편과 나는 팜비치에 있는 브레이커스 호텔에 잠시 머문 적이 있었다. 저녁 식사를 하던 우리는 식당의 댄스 플로어에서 매력이 넘치는 부부를 보게 되었다.

햇볕에 그을린 황갈색 피부에 아름다운 은발을 한 그들은 원색 의상에 반짝이는 장신구로 멋을 냈는데 80대의 노인들이라고 했다. 남아메리카에서 왔다는 것과 근처에 요트를 정박시켜놓았다는 말을 들을 수 있었다. 댄스 플로어에서 그들은 참으로 낭만적인 춤을 추고 있었다.

음악이 흐르고 높다란 천장 아래 꽃으로 꾸민 아름다운 공간에서 식사를 하고 있던 사람들은, 노부부의 매력에 넋을 잃고 있었다.

신체적인 매력에 나이가 없다는 것은 참으로 근사한 일이 아닌가!

매력의 무한한 가능성

이 장의 목적은 매력의 잠재적인 가능성을 소개하는 것이다. 매력에 대해 더욱 자세하게 다루고 있는 책들을 도서관이나 서점에서 구해 참고해도 좋을 것이다.

당신이 누구이고 어떤 삶을 살고 있든지 간에, 매력은 진정한 열망을 품을 수 있게 해준다. 세상은 두 가지 차원의 매력을 발전시킨 사람에게 반드시 반응하게 돼 있다. 금전적인 소득, 존경과 애정, 이것이 매력적인 사람에게 주어지는 보상이다.

그러므로 세상이 나를 필요로 하고 나에게 보답할 것을 확신한다면 과감하게 두 가지 매력의 본능을 발휘해 보자.

부의 법칙

16 긍정적 사고로 빚에서 벗어나라

만화에 나오는 재미있는 일화를 소개할까 한다. 근사한 신형 자동차들이 전시장에서 자태를 뽐내는 위로 다음과 같은 플래카드가 걸려 있었다.

"신용카드로 편리하게 지불하세요!"

어떤 사람이 신형 자동차를 유심히 살펴보다가 영업소 안으로 들어와 세일즈맨을 찾았다. 그러자 당황한 세일즈맨이 소장에게 물었다.

"어떻게 하면 좋을까요? 저 고객이 현금을 내고 싶어

해요!"

이른바 '신용 거래' 시대라 불리는 지금, 빚과 부의 사고 습관은 무슨 관련이 있을까?

빚을 현명하게 사용하면 경제적인 성공의 밑거름으로 삼을 수도 있다. 그러나 빚을 남용하거나 과용하면 부채와 경제적 실패에 이르는 지름길이 된다. 금전적인 파멸을 조금 더 늦추겠다는 자포자기식 발상으로 빚을 늘린다면 결국 어떻게 되겠는가?

아무런 계획도 없이 무턱대고 지출하는 습관은 결코 좋지 않다. 신용 거래란 합리적인 방법으로 편리한 생활을 누리기 위해 만들어진 것이다.

어느 가정주부는 남편이 갑자기 죽는 바람에 하루아침에 세 아이의 생계를 책임지게 되었다. 그녀는 자신의 상점을 운영하며 아이들을 양육하고 싶었다. 그래서 우선 남의 돈을 투자하여 이윤을 만든 다음, 빚진 돈을 갚고 남은 돈으로 자신의 가게도 열었다. 빚을 지혜롭게 사용함으로써 경제적 독립의 바탕으로 삼은 것이다.

분노와 공포가 빚을 만든다

공포나 두려움을 갖고 있다면 빚은 결코 긍정적인 역

할을 하지 못한다. 그러한 마음가짐은 부담감을 만들고, 부담감은 부의 사고 습관을 방해하여 결국 우리 앞으로 오게 돼 있는 풍성한 물질의 흐름을 막아버리기 때문이다.

물질의 흐름이 막히면 몰려드는 온갖 대금 청구서를 갚을 수 없게 되고, 불안과 공포에 더욱더 눌리는 악순환이 되풀이된다.

그러므로 빚에서 벗어난 자유로운 삶을 영위하기 위해서는 공포나 분노, 비난과는 거리가 먼 긍정적인 사고 습관을 유지해야 한다.

어느 가정주부의 사례를 통해 공포와 분노로 인해 빚을 졌으나 마음가짐을 바꿈으로써 그 빚에서 벗어난 과정을 살펴보기로 하자.

그녀의 남편은 유능한 세일즈맨으로 먼 곳까지 출장을 가는 경우가 많았다. 신혼 초에 그들은 켄터키 주의 산악 지역에 농장을 구입해서, 나중에 그곳에서 자녀들을 키우자고 약속했다.

몇 년이 흐른 뒤 그들에게는 아이들이 생겼다. 그러나 남편은 여전히 출장이 잦았기 때문에 아내 혼자 농장을 돌보고 아이들을 키우는 책임을 떠맡아야 했다. 시간이 지날수록 그녀는 자신이 하는 일에 대해 분노를 느끼기 시작했다. 분노가 커갈수록 농장 운영에 필요한 자금을 대기가 더욱더 어렵게만 느껴졌다.

결국 일꾼들의 품삯이나 장비, 각종 경비를 대기 위해 빚을 내야 했다. 그리하여 훌륭한 농장을 소유하고 있으면서도 그녀의 빚은 점점 늘어만 갔다. 바로 그 무렵 그녀는 부의 사고 습관에 대해 알게 되었고, 빚에 대한 생각을 바꿔보기로 결심했다.

어느 분주한 오후, 일꾼들의 급료를 어떻게 마련할까 궁리하던 그녀는, 소 떼가 한가로이 풀을 뜯는 아름다운 언덕으로 향했다. 그곳으로 차를 몰아간 그녀는 잠시 아름다운 경치를 바라보며 생각에 잠겼다.

그리고 남편이 식구들을 먹여 살리기 위해 집을 비운다는 것을 알면서도 자신이 분노하고 있음을 깨달았다. 나아가 농장이 가족의 귀중한 재산임을 알면서도 혼자서 모든 일을 책임져야 한다는 데 대해 분노하고 있었음을 깨달았다.

이렇게 긍정적인 방향으로 생각을 바꾸고 반성하자 평화로운 감정이 찾아들었고, 빚에 대한 부담감과 분노, 불평은 사라지기 시작했다.

그녀는 남편과 아이들, 농장, 일꾼들을 위해 조용히 기도했다. 그리고 경제적인 성공과 빚으로부터의 자유를 위해 새롭게 마음을 먹었다.

다음날 시내에 나간 그녀는 농장 운영에 필요한 차량

과 장비를 사러 나온 친구를 우연히 만났다. 그녀는 자기 농장에 여분의 차량과 쓰지 않는 장비들이 있으니 싼 값에 사라고 권했다.

이렇게 그녀를 괴롭히던 빚은 순식간에 해결되었다. 남편과 아이들, 농장에 대한 분노의 자리에는 대신 사랑과 감사가 들어찼다.

남편은 세일즈를 그만두고 가족과 함께 시내에 자리를 잡고 새로운 사업을 시작했다. 농장은 유능한 사람을 고용해서 관리를 맡겼다. 이 여성은 지금도 남편의 사업과 농장의 번성을 축복하며 감사하고 있다. 그리고 사회활동에 적극적으로 참여하는 등 남편과 아이들과 함께 행복한 나날을 보내고 있다.

분노와 비관이 부담감을 만들었고, 그녀 앞으로 다가오는 모든 물질의 흐름을 막아버렸던 것이다. 갑갑한 상황에 더 이상 분노하지 않게 되었을 때, 그녀는 그 상황에 대한 '통제권'을 획득하여 모든 문제를 성공적으로 해결할 수 있었다.

불평이 빚을 만들고 감사가 부를 부른다

매사에 불평만 늘어놓는 것, 특히 남에게 꾸거나 꾸어

준 돈을 놓고 불평하는 것은 불쾌하고 불필요할 뿐더러 어리석고도 위험한 짓이다. 그러한 부정적인 습관은 영원한 빚으로 이어지고, 심지어 경제적인 파멸을 초래하기도 한다. 감사할 줄 모르는 마음은 감사할 수 없는 상황만을 불러오게 마련이다.

반면 감사의 마음가짐은 사방에서 우리를 향해 다가오는 필요를 유지하게 해준다. 플로리다의 팜 비치로 강연을 하러 갔을 때 이 사실을 확인할 수 있었다.

그곳에서 만난 한 목사는 자기 구역에서 가장 부유한 사람들은 가장 감사할 줄 아는 사람들이라고 주장했다. 병원에 입원한 사람들이 목사를 찾는 경우가 많다. 그럴 때 찾아가면 대개 듣는 첫마디가 엇비슷하다고 한다.

"어디 계시다 이제야 오셨어요?"

그러나 부유한 환자들을 방문할 경우, 그들의 반응은 달랐다. 진심으로 목사를 반기며 감사의 표현부터 하는 사람이 많다는 것이다. 퇴원 후에도 감사의 메시지를 잊지 않는 사람들까지 있다고 한다. 그래서 목사는 마음가짐이야말로 부를 획득하는 확실한 단서라고 믿게 되었다고 한다.

빚에서 자유로워지고 싶다면 어떤 일이나 사람, 상황을 놓고 비난하거나 불평해서는 안 된다. '부를 향한 특별한 능력'을 다룬 13장에서 언급한 바와 같이, 우리가 말하고 생각하고 느끼는 것을 생명이 없는 무생물까지도 감지해낸다.

사람과 사물에 대해 긍정적이고 낙관적인 생각을 갖고 말하는 습관을 들인다면, 그러한 대상들로부터도 무의식적인 협조를 얻을 수 있다.

반면 우리가 속한 세상을 비난한다면, 축복을 밀어내고 오로지 부정적이고 제한된 결과만을 불러들일 것이다(이 사실은 바로 앞 장 '매력' 편에서도 지적한 바 있다).

사고 습관을 바꾸면 상대방은 무의식적으로 그것을 감지하고 더욱 긍정적으로 반응하게 돼 있다.

의도적으로 크게 생각하라

어떤 사람이 빚을 청산하기 위해, 여름철 비수기지만 몇 군데 아파트에 세를 놓으려고 했다가 애를 먹고 있었다. 친구들은 그가 원하는 가격에는 절대 세를 놓을 수 없다며 "목표를 너무 높이 잡았어. 집세만 낮추면 다음 시즌에는 아마 집이 나갈 거야"라고 말했다.

그러나 그는 부에 관한 강연에서 "과감하게 목표를 크게 잡으세요. 큰 결과를 기대하세요. 왕자로 살 것이냐

거지로 살 것이냐는 그러한 마음가짐이 결정합니다"라는 말을 들었다.

아파트를 세놓고 빚을 갚으려면 의도적으로 크게 생각하고 부의 언어 습관을 키워야 한다는 것을 깨닫게 되었던 것이다. 그래서 그는 아파트 임대 문제를 위해, 수많은 성공자들이 실천했던 선언문을 놓고 소리내어 다짐하기 시작했다.

"나는 세상의 모든 사람들 중에서 가장 훌륭하고 선량한 사람들을 좋아한다. 그리고 지금 가장 훌륭하고 선량하며 부의 마음가짐을 가진 사람들을 나한테로 끌어들이고 있다."

얼마 안 있어 그토록 애를 먹이던 아파트에 세입자가 나타났고, 그것도 좋은 가격에 세를 놓을 수 있게 되었다. 앞에서 소개한 부의 선언문을 계속 사용하자 다른 곳의 아파트까지 쉽게 임대되었다. 그리하여 짧은 시간 안에 그는 빚을 다 갚을 수 있게 되었다.

현금으로 지불하는 습관을 들여라

경제적인 문제에 대해 부의 마음가짐을 갖는 것과 더불어, 유형의 것이든 무형의 것이든 빚을 청산한다는 느낌이 드는 일이면 무엇이든지 실천하도록 하자.

예를 들어 아주 사소한 물건일지라도 최대한 현금으로 지불하는 것이 좋다. 외상 거래보다는 현금 지불을 택함으로써 빚으로부터 한결 자유로워진 느낌을 받을 수 있을 것이다.

쇼핑할 때 현금을 지불함으로써 낭비를 방지할 수 있었다는 경험담을, 가정주부들로부터 여러 차례 들을 수 있었다. 외상으로 구입하지 않고 쇼핑한 것들을 모두 현금으로 지불하니, 홀가분하고 일종의 쾌감까지 느꼈다는 사람들도 있었다.

빚에 꽁꽁 묶여 쫓기듯이 사는 사람들 중에는, 멸망하는 도시 소돔을 돌아보다가 소금 기둥이 된 '롯의 아내'처럼 자꾸만 뒤를 돌아보는 습관을 가진 사람들이 많다. 그런 사람들은 과거의 금전적 실수를 놓고 늘 근심하며, 그럼으로써 그러한 생각들을 자꾸 발전시켜 결국 빚으로 현실화시키고 만다.

자꾸만 옛날 생각에 집착하면, 우리의 마음속에는 과거의 실수와 빚을 청산할 수 있는 신선한 생각이 들어설 여지가 결코 만들어지지 않는다.

여백의 원리에서 언급한 바와 같이, 부의 삶을 누리고 싶다면 우리 자신과 다른 사람들을 끊임없이 용서할 필요가 있다.

경제적인 자유를 획득하려면

빚에 대해서 꼭 기억할 만한 유쾌한 사실이 한 가지 있다. 당신이 빚을 지고 있다면, 그것은 누군가 당신을 믿고 있다는 뜻이다. 그것도 경제적으로 믿을 만큼 신뢰를 갖고 있다는 뜻이 되는 것이다. 이 사실을 분명히 알고 있어야 한다. 조화롭고 신뢰감 있는 마음가짐은 빚으로부터 자유를 획득하기 위해, 그리고 다른 사람에게 빌린 돈을 갚기 위해서도 꼭 필요한 요소이기 때문이다.

경제적인 자유를 획득하기 위해서는 이 장에서 소개한 방법을 적극적으로 활용하고, 9장과 10장을 다시 한 번 읽어보면 도움이 될 것이다. 그리고 다음과 같이 선언한다면 소망하던 날을 더욱 앞당길 수 있다.

"좋은 날들이 나에게 다가오고 있다. 풍요로운 날들이 나에게 다가오고 있다."

어떤가. 빚은 곧 풍요와 부를 앞당기는 위장된 축복이었음을 분명히 알 수 있지 않겠는가.

부의 법칙

17 부의 사고로 건강을 되찾아라

복 중에서도 가장 큰 복이 바로 건강이다. 건강을 잃으면 다른 어떤 복도 소용이 없다. 건강해야 나머지 복들도 진정한 복이라 할 수 있다.

많은 사람들과 상담하면서 생각이 육체에 직접적인 영향을 미친다는 사실을 확인할 때가 많았다. 특히 금전적인 문제로 고민하다가 병을 얻은 사람들일수록, 상황이 나아지면서 건강이 얼마나 빨리 좋아지는지를 확연하게 깨닫곤 한다.

건강에는 자신이 있었던 한 유능한 사업가가 심각한 경영 문제에 부닥쳤다. 그러자 위궤양이 생기더니 증상이 점점 심해져 결국 암으로 번져 수술까지 받아야 했다. 지금은 완전히 회복된 상태지만, 그의 아내 말에 의하면 사업상 문제가 생기면 또다시 몸져눕곤 한다고 한다.

무엇보다 마음을 편안하게 하는 길이 곧 건강을 지키는 길이다.

부조화가 질병을 일으킨다

부의 사고 습관이란 조화롭게 생각할 줄 안다는 뜻이며, 이러한 습관은 우리 몸의 조화뿐만 아니라 대인 관계, 주변 환경과의 조화를 낳는다.

취학기 이전의 한 어린아이가 치질에 걸렸다. 그 연령대의 아이들에게는 흔치 않은 질병인지라, 의사는 아이의 정신 건강에 문제가 있을지도 모른다며 가정 생활에 대해 조사를 시작했다.

의사는 곧 아이의 엄마에게 문제가 있음을 알아냈다. 아이의 엄마는 아이의 식욕에 관계없이 식사 태도와 식사량에 대해 늘 끊임없이 잔소리를 해댄 것이다.

아이가 밥을 먹지 않겠다고 식사를 거부할 때마다 엄

마는 아이를 식탁에서 끌어내리고는 엉덩이를 때렸다. 그런 날이 거의 매일같이 반복되었으니 아이가 치질보다 더 심각한 질병에 걸리지 않은 게 오히려 다행스런 일이었다.

아이의 엄마에게 마음가짐이 질병에 미치는 영향에 대해 설명한 뒤, 마음을 편안히 갖고 아이에게 지나치게 강압적인 태도를 보이지 않겠다는 동의를 얻어냈다. 그러자 치료에 효과가 나타나기 시작했다.

짜증내고 다투는 등 불쾌하고 혼란스러운 상황 속에서 계속 생활하다 보면 결국 몸에서 이상 신호가 발생한다. 우리 몸은 매우 민감한 기관이라서 생각과 감정, 오가는 말에 따라 정밀하게 반응한다.

사실 생각과 감정이 신체에 지대한 영향을 미친다는 것은, 이미 태고 때부터 확인되어온 진리이다. 고대에 의사 역할을 하던 사람들은 치유를 위해 환자의 마음 상태를 바꿀 필요가 있음을 너무나 잘 알고 있었다.

그래서 환자의 주의를 끌기 위해 가면을 쓰고 주문을 외우며 춤을 추는 등, 오늘날 시각으로 보아서는 기이하게만 보이는 행위를 연출하곤 했던 것이다.

그들은 그러한 치유의 시도를 통해 환자들의 마음을 고통과 문제에서 떠나게 하고, 그럼으로써 몸을 낫게 할 수 있다고 믿은 것이다.

마음가짐이 치유 능력을 발휘한다

어떤 가정주부가 마음가짐을 바꾼 이후 달라진 건강에 대해 이렇게 표현했다.

쓸개에 문제가 있어서 나는 무려 12년 동안 극심한 고통 속에 살아야 했다. 게다가 다른 병까지 겹쳐 건강은 점점 더 나빠졌다. 온갖 치료를 다 받아보았지만 효과를 볼 수 없었고, 고통은 계속되었다.

도대체 내가 얼마나 더 오래 고통을 받아야 하는지 거의 지칠 대로 지쳐 있던 무렵, 부에 관한 강연을 듣게 되었다. 치유가 아닌 부에 관한 공부를 하면서, 비로소 나는 질병에서 해방되는 길을 찾을 수 있었다. 그것은 긍정적으로 생각하는 방법이었다. 처음에는 통증이 다소 감소할 뿐이었지만, 남편과 나는 몇 달 만에 처음으로 새로운 의욕을 느낄 수 있었다. 그리고 마침내 쓸개는 물론 다른 질병까지 말끔히 낫게 되었다.

또 다른 예로 팔이 부러진 어떤 여인의 사례를 들겠다. 의학적인 치료는 완벽하게 끝났는데도 불구하고 이상하게도 통증과 마비 증세는 사라지지 않았다. 처음 부에 관한 강연을 들으러 올 때만 해도 팔이 너무 아파서 운전기사를 고용해 참석할 정도였다. 일주일 후 두 번째 강연이 있던 날, 그녀는 뛸 듯이 기뻐하며 적극적이고 긍정적인 생각을 가진 이후 신기할 정도로 빠르게 통증과 마비가 사라졌다고 내게 말했다. 그리고 다시 운전도 할 수 있을 것 같다고 했다. 그 후 그녀는 혼자서 강연장을 찾아왔다.

부의 사고 습관을 실천하면 머리부터 발끝까지 완전히 새롭게 탈바꿈할 수 있다는 것을 그녀는 몸소 체험한 것이다.

암의 정서적 요인

건강을 유지하고 싶다거나 잃은 건강을 회복하고 싶다면, 먼저 부정적인 마음 상태부터 가다듬어야 한다. 최근 들어 암을 '증오의 질병'이라고 칭하기도 한다. 암에 걸린 환자들 대부분이 증오의 감정을 마음속에 쌓아두고 있으며 그러한 정서적인 혼란으로 인해 암이 유발된다는 것이다.

밑바닥부터 출발해 정상에 오른 자수성가형 기업가와 허심탄회한 대화를 나눈 적이 있었다. 그는 경제적 업적과 다방면의 자선 활동으로 많은 사람들에게 존경과 칭송을 받는 사람이었다.

그렇게 인생의 절정에 서 있던 그가 어느 날 병원에서 암 진단을 받게 되었다. 의사는 수술을 받아도 앞으로 몇 개월밖에는 살지 못할 거라고 말했다. 그렇게 고통스러운 인생 말년을 보내고 있을 때 나를 만난 것이다.

처음에는 그가 가혹한 운명의 희생물처럼 보였다. 그러나 대화를 나눠가면서, 그가 수차례의 결혼 경험이 있으며 모두 파경으로 끝을 맺었다는 사실을 알 수 있었다. 게다가 전처들과의 관계도 원수지간을 방불케 했다. 현재의 아내와도 심한 불화를 겪고 있었으며 상당히 미워하고 있었다.

또다시 이혼을 하게 되면 사업과 위신에 이로울 게 없다고 여겼기 때문에, 끔찍한 결혼 생활을 몇 년째 계속하고 있었던 것이다. 게다가 아내에게 느끼지 못하는 사랑과 이해를 다른 여자에게서 구하려 하고 있었다.

그 여성은 기업의 임원으로 남편과 사별한 미망인이었다. 사랑이 깊어질수록 그 여성은 그와 맺어질 수 없다는 데 극도로 절망했고 건강까지 나빠지기 시작했다. 심각한 건강 상태에도 불구하고 그녀는 음주와 약물로 정서적인 탈출구를 찾으려 했다. 결국 심신이 모두 망가져 업무를 수행할 수 없게 돼 일자리마저 잃어버렸다.

결국 그 사업가는 모든 불행의 원인이 현재의 아내에

게 있다고 여기고, 그녀를 극도로 증오하게 된 것이다. 그런데 이 고통스러운 삼각관계 속에서도 부인만은 평정을 잃지 않았다. 남편과 '남편의 여자'에 대해서도 감정적인 혼란이나 고통을 느끼지 않는 것처럼 보였다. 결국 결과를 놓고 볼 때, 유일한 승자는 부인이라고 할 수 있었다.

그 남자는 현재의 아내와 전처들을 용서할 수 없다고 말했다. 내가 이 장에서 소개하는 치유의 방법을 권유하자 그는 단호하게 거부했다.

그가 아내들에 대해 이야기할 때마다, 나는 그의 입에서 보이지 않는 독소가 뿜어져 나오는 걸 느낄 수 있었다. 지독한 증오로 인해 방 안의 공기까지 탁해지는 것만 같았다. 그는 계속해서 아내들을 미워하다가 마침내 또 다른 수술을 받았고 그 와중에 사망했다. 그가 남긴 마지막 말은 아내들에 대한 저주였다. 가슴에 품은 증오가 그를 죽인 것이다.

그의 '또 다른 여인'은 고통을 혼자 삭이며 장례식에도 참석하지 않았다. 아내는 남편의 미움에서 비로소 해방된 것은 물론 막대한 유산까지 상속받았다. 자유의 몸이 된 것뿐만 아니라 큰 부자가 되었던 것이다.

그녀는 1년 후 재혼에 성공해서 행복한 나날을 보내고 있다. '똑같은 미움으로 갚아주기'를 거부함으로써, 그녀는 고통스러운 삼각관계의 장본인인 세 사람 중에서 유일하게 승리를 거두었다.

행복이 치유한다

우리 마음이 실망과 좌절로 인해 상처를 입게 되면 몸에도 직접적인 영향을 미친다. 불화와 다툼이 극심한 가정에서 성장한 어린이가 있었다. 이 아이는 질병을 달고 산다고 할 정도로 늘 병치레를 했다.

그런데 집안 문제가 진정되어가자 아이 역시 안정을 찾기 시작했고 몸도 점점 튼튼해졌다. 앓는 횟수가 줄어들더니 나중에는 다른 아이들이 흔히 앓는 병조차 옮지 않을 정도로 건강해졌다.

몸도 마음도 늘 건강한 가정이 있다. 그 집 부모들은 자녀 앞에서 질병이나 결핍, 경기 불안 등 부정적인 화제는 결코 입에 올리지 않았다. 늘 행복하고 즐거운 대화만을 나누려고 노력했다.

결국 그것이 습관이 되어, 그 집안은 행복하고 건강하며 사랑이 돈독한 가정이 될 수 있었다. 온 식구가 질병과는 거리가 먼, 활기차고 풍족한 생활을 누렸다.

아이들은 큰 병치레 없이 긍정적이고 자신감 있는 성

인으로 자랐으며, 모두 행복한 결혼 생활을 누리고 있다. 부모들이 그랬던 것처럼 현재 그들도 성공적인 삶을 영위하고 있다.

서점에 가보아도 그렇다. 건강한 신체를 위해서는 건강한 마음이 중요하다는 책들을 얼마든지 찾아볼 수 있을 것이다.

어떤 여성이 임신을 하기 위해 갖은 수단과 치료를 다 동원했지만 번번이 실패했다. 결국 의사는 불임 결론을 내리고 말았다. 남편과 함께 오랫동안 아이를 원하기는 했지만, 사실 그녀는 출산의 고통과 힘겨운 육아에 대해 남몰래 겁을 먹고 있었다. 그러한 마음 상태로 인해 임신이 방해받는 건 아닌지, 급기야 내게 상담을 요청하기도 했다.

마침내 그들 부부는 입양을 신청했지만 여러 가지 이유로 지연될 뿐 쉽사리 성사되지 않았다. 그러나 아이를 가질 수 없다고 이미 단념한 상태인지라 기다리는 시간을 그리 안달하며 보내지는 않았다.

그들은 가능하면 최대한 행복하고 만족스럽게 살기로 결심하고, 휴일이나 틈날 때마다 부모 없는 어린이들을 위해 봉사 활동을 시작했다. 그러던 어느 날 기적이 일어났다. 임신에 대한 강박증에서 벗어나자, 결혼 10년 만에 드디어 임신하는 데 성공한 것이다.

이와 같이 우리 몸의 건강에는 마음이 중요한 영향을 미치고, 때로는 의사의 몫을 한결 덜어주는 역할까지 한다. 즉 우리가 건설적인 마음가짐을 가질 때, 치료의 효과는 훨씬 더 커지는 것이다.

치유의 기본은 용서

일찍이 예수 그리스도는 용서가 모든 치유의 근본임을 가르쳐주었다. 그는 중풍에 걸린 병자를 고치면서 "죄사함을 받았으니 다시는 죄를 짓지 말라"고 했다. 산상수훈에서도 이웃과 평화로이 지내는 것이 얼마나 중요한가를 가르쳤다.

우리들은 모두 타인과의 화목과 조화를 위해 용서라는 간단한 방법을 매일 사용해야 한다. 그럼으로써 육체적 · 정신적 · 정서적 · 영적인 치유를 받을 수 있다.

누군가를 향해 적개심을 갖고 있다면 다음과 같은 용서의 선언문을 매일 소리내어 읽어보자.

"나는 ……를 완전히 용서한다. ……를 내 마음에서 완전히 떠나보낸다. 미움이 떠나간 자리에는 평화와 안정과 건강이 자리할 것이다."

이렇게 매일 용서에 대한 다짐을 실천하다 보면, 과거

우리에게 아픔을 주었던 사람들이나 상황이 떠오르기 시작할 것이다. 그렇다고 당황할 필요는 없다. 왜 그런 생각이 다시 날까 하고 고민할 필요도 없다. 그 대상들이 잠재의식을 통해 우리의 용서를 받아들이고 있다는 증거이기 때문이다.

계속해서 용서할 것을 다짐하면 언젠가는 과거의 상처에 관련된 모든 일들과 사람들에 대해 편안해질 것이다. 그러한 느낌을 갖게 될 때, 용서의 과정이 완벽하게 이루어졌고 당신은 그 모든 병적인 생각에서 벗어났음을 확인할 수 있다.

분노를 다스려라

누군가하고 불화를 겪고 있다든가, 과거의 불행한 일로 인해 아직도 분노가 삭지 않고 있다든가, 금전 또는 개인적인 문제로 부당한 대우를 받았다든가, 고통스러운 유년기를 보냈다든가…… 마음속에 분노를 키울 수 있는 이유는 여러 가지가 있다. 그러한 감정은 갖은 방법을 통해 점점 더 합리화된다.

그러나 그렇게 함으로써 가장 상처를 받는 사람은, 바로 자기 자신이다. 건강과 부, 행복, 마음의 평화는 부정적인 감정에 집착할수록 더욱 파괴된다.

만약 당신이 지금 건강에 문제가 있다면, 용서를 통해 마음속에서 영원히 떠나보내야 할 사람 또는 사건이 있을 것이다.

시대를 불문하고 모든 철학자와 현인들이 생각을 함께하는 주장이 있다. 건강이란 자기 자신과 타인에 대한 마음가짐에 따라 판가름난다는 것이다.

4세기경 그리스의 의사였던 히포크라테스는 "사람의 머리에서, 오직 머리에서 쾌락, 웃음, 익살 그리고 슬픔, 고통, 두려움이 만들어진다"라고 했다. 또한 플라톤은 "머리와 몸의 조화를 이루고 싶다면 먼저 영혼을 치유해야 한다"고 강조했다.

"마음의 즐거움은 얼굴을 빛나게 하여도, 마음의 근심은 심령을 상하게 하느니라(잠언 15장 13절)."

지혜의 왕 솔로몬 역시 생각과 감정이 몸에 미치는 영향을 분명히 알고 있었다.

성공적으로 체중을 감량하는 법

어떤 부유한 부인이 필사적으로 체중 감량을 시도하고 있었다. 여러 병원에서 전문가들을 고용해서 몇 번이나 가혹한 다이어트를 실행할 정도였다. 그러나 일단 체중 감량에 성공해도 유지하는 데 실패하곤 했다. 그러던 중 왜 감량한 체중을 유지하지 못하는지 그녀는 내게 상담을 요청해왔다.

그전부터 개인적인 친분이 있던 터라, 나는 그녀가 남편과 함께 세계 곳곳을 여행하며 갖가지 수집품을 모아서 넓은 집에 쌓아놓고 있음을 알고 있었다.

남편은 집안이 온통 잡동사니투성이라고 불평하며 제발 치우라고 했다. 하지만 부인은 고집을 부리며 벽장과 창고는 물론 다락에까지 물건을 계속 쌓아갔다.

나는 그녀에게 (3장에서 다루었던) 여백의 원리를 들려주고, 감량에 성공하고 계속 그 상태를 유지하기 위해서는 마음속에서 떠나보내야 할 부분이 있을 것이라고 알려주었다.

그녀는 곰곰이 생각을 해보더니 불화를 일으켰던 어느 친척을 용서하지 않고 아직도 미움을 간직하고 있음을 고백했다. 그러고는 그 친척을 용서하고 분노와 미움의 감정에서 벗어나겠다고 선언했다.

또한 집안에 가득 쌓여 있는 수집품을 치워달라는 남편의 요구에도 귀를 기울이기로 결심했다.

벽장과 다락과 창고를 깨끗이 비우고 쓸모 있는 것들은 필요한 사람들에게 보냈다. 남편은 아내의 변화에 크게 기뻐했다.

그렇게 불필요한 감정과 물건들을 몰아내고 난 뒤, 그녀는 몇 년 동안 잊고 있었던 자유와 평화의 느낌을 가질 수 있었다.

그 후 그녀는 다시 다이어트에 도전해 성공했고 계속 일정한 체중을 유지하고 있다. 현재 그녀는 자신의 오랜 소원을 이루게 한 힘은 바로 용서와 잡동사니의 처분이었다고 고백하고 있다.

상상력을 통해 건강해진다

5장 '상상력을 동원하라'에서 언급한 바와 같이, 마음속에 그린 이미지는 우리의 몸과 마음, 주변 환경에 직접적인 영향을 미친다. 우선 자신이 어떠한 삶을 원하는지 정한 다음 그것을 마음속에 그려야 한다.

즉 어떤 삶을 원하느냐는 전적으로 우리 자신에게 달린 문제인 것이다. 마음속에 부정적이고 비뚤어진 그림을 그리면 비뚤어진 결과를 얻을 뿐이다.

특히 상상력은 치유에 큰 효력을 발휘한다. 마음속에 바라는 결과를 새기고 그러한 이미지를 계속 간직하는 간단한 방법을 통해, 우리는 놀라운 결과를 만들어낼 수 있는 것이다.

어느 가정주부가 건강을 되찾기 위해 바로 이 상상력을 동원하여 성공한 사례가 있다. 그녀는 무릎의 관절염 때문에 몇 주 동안이나 극심한 고통을 겪어야 했다. 아무리 병원을 찾아다녀도 차도가 없어 결국 상상력을 동원하기로 결심했다.

매일 잠시 동안 차분하게 자리에 앉아서 부어오른 무릎이 깨끗하게 낫는 데 주의를 집중했다. 손을 건강한 무릎에 얹고서 감사의 기도를 드리고, 마음속으로 다른 쪽 무릎까지 건강해지는 상상을 했다. 매일 그 일을 열심히 반복했다.

사람들이 무릎의 상태에 관해 물어오면 깨끗하게 나아가고 있다고 대답함으로써 치유에 관한 상상을 한층 더 깊이 마음속에 각인시켰다. 완벽한 치유를 소리내어 다짐하는 일도 잊지 않았다.

며칠 동안은 무릎에 별 변화가 없어 보였지만, 여인은 과감하게 그 일을 계속해나갔다. 어느 날 아침, 몇 주 만에 무릎의 통증과 부기가 사라지고 본래의 크기로 돌아왔다.

더 자세하게 표현하자면, 마치 무릎의 아픈 부위마다 구멍을 뚫어서 통증을 모두 뽑아버린 것만 같았다고 그녀는 말했다.

그녀의 남편이 그 일을 내게 알려주었는데 의사마저 무릎을 검사해보고는 기적이 일어났다고 했다고 한다.

마음속에 심은 이미지로 다이어트한다

온갖 다이어트 방법을 다 동원하고도 체중 감량에 실패한 한 사람이 상상력의 위력을 전해 듣게 되었다.

자기 자신을 곰곰이 돌아본 그는, 철저하게 다이어트를 하면서도 마음속으로는 여전히 자기가 비만하다고 여기고 있었음을 깨달았다. 그렇게 마음속에 새겨진 이미지가 현실을 통해 본래 체중으로 돌아가게 만들었던 것이다. 그것이야말로 그가 가장 원치 않는 상황이었는데도 말이다.

그는 건강하고 날씬하며 활력 넘치는 사업가의 사진을 잡지에서 오린 후, 눈에 잘 띄는 곳에 붙여두었다. 그리고 잠들기 전에 조용히 그 그림을 바라보면서, 마음속을 그 모습으로 가득 채웠다.

또한 그런 종류의 사진을 두 장 오려서 지갑 속에 넣고 다니다가 틈날 때마다 들여다보았다. 그러한 과정을 거치면서 그는 무려 15킬로그램을 감량해냈고, 다시는 체중이 불지도 줄어들지도 않았다.

현재 그는 지갑 속에 넣고 다니던 사진과 똑같은 모습이 되어 있다.

금연도 할 수 있다

상상력을 통해서 금연에 성공한 사람들이 있다. 세일즈맨이나 의사, 기업 간부 등 금연에 성공한 그들은 상상력을 동원한 방법이 가장 쉬운 방법이었다고 증언했다.

그들이 적용한 방법은 아주 간단한 것이었다. 그들은 담배를 딱 끊거나 끊으려고 노력하지도 않았다. 그 대신 더 이상 피울 수 없을 정도로 담배 맛이 고약해졌다고 상상하기 시작했다. 담배에 불을 붙일 때마다 그런 상상을 계속했다.

몇 주가 흐르자 마침내 효과가 드러났다. 담배 맛이 너무 싫어져서 피우고 싶은 욕구를 잃게 된 것이다. 6주 만에 담배에 대한 생각은 모두 사라지고, 손에 담배가 들어와도 쓰레기통에 버릴 정도가 되었다.

그렇게 하는 동안 그들은 금연을 하기로 했다거나, 자신이 무슨 일을 벌이고 있는지 아무에게도 말하지 않았다. 마음속에 품은 이미지와 상상력을 아무도 방해하지 못하도록 하기 위해서였다.

알코올 중독도 극복할 수 있다

상상력을 동원해 알코올 중독까지 극복한 사람들의 이야기를 들어보자.

남성과 여성으로 구성된 한 그룹의 사람들이, 알코올 중독에 빠진 배우자가 술 끊는 광경을 상상하는 방법을 사용했다.

배우자가 완치된 모습을 끈질기게 상상할수록 실제로 상태는 점차 호전되었고 마침내 음주에 대한 욕망에서 풀려나게 되었다.

최근에 그 그룹의 멤버였던 부부와 점심 식사를 함께 한 일이 있었다. 몇 년 전까지만 해도 그녀의 남편은 '퇴물' 로 여겨졌지만, 지금은 안정감 있고 매력적인 신사에 성공한 기업 간부가 돼 있었다. 그는 상상력에 대해 이렇게 증언했다.

알코올 중독 치료에 영향을 주려고 아내가 뭔가 하고 있다는 건 알았지만, 그게 정말 무슨 일인지는 몰랐어요. 내게 고통을 주는 건 아니었기 때문에 뭘 하든지 신경을 쓰지 않았지요. 하지만 나도 모르게 점점 컨디션이 나아져갔습니다. 그래서 내가 완치될 때까지 아내가 그 방법을 계속해주기를 바라게 되었지요. 그리고 감사하게도 그의 아내는 술에 취하지 않은, 행복하고 능력 있는 남편을 상상하기를 한 달 남짓 계속해서 반복했다. 그리고 현재 그는 아내가 상상하던 멋진 남편이 되어 있다.

이처럼 상상력을 동원함으로써 우리는 부와 성공 그리고 건강한 삶을 누릴 수 있다.

부의 법칙

18 끊임없이 인내하라

어떤 사업가가 최근에 내게 부에 관한 책을 몇 권 선물로 보내면서, 캘빈 쿨리지가 남긴 말도 함께 동봉해서 보내왔다.

세상에 그 어떤 것도 인내의 자리를 대신하지 못한다. 재능도 그 자리를 대신하지 못한다. 세상에는 재능이 있으면서도 무용지물로 살아가는 사람들이 더욱 많다. 교육도 대신하지 못한다. 교육을 받았으면서도 게으르게 사는 사람들은 얼마든지 많다. 인내와 결단력을 갖춘 사람이야말로 무슨 일이든 가능하게 만드는 능력을 가진 사람이다.

'끈기', 이 한마디가 인류의 모든 문제를 해결했고 앞으로도 해결할 것이다.

좌절이 우리를 굴복시키려고 할 때, 성공을 향한 우리의 노력이 수포로 끝났을 때, 이 말을 반드시 기억하자.

"세상의 그 어떤 것도 인내의 자리를 대신하지 못한다. 재능도 대신하지 못한다."

인내는 '할 수 있다'는 마음가짐이다

자신에게 가장 잘 어울리는 자리가 있을 것이라 믿고 취업을 위해 노력했지만 번번이 실패를 겪는 청년이 있었다. 사실 그는 능력과 재능 그리고 매력도 지닌 인물이었다.

취업이 여의치 않자 결국 그는 해군에 입대하기로 결심했는데 그 일이 오히려 그의 인생에 전환점이 돼주었다. 그때부터 성공의 길이 그의 앞에 열린 것이다. 승진을 여러 차례 거듭하더니 나중엔 장교가 되었다.

최근에 그의 상관이 그의 '할 수 있다'는 태도를 칭찬하는 편지를 보내왔다.

그러한 마음가짐이 힘든 업무를 성공적으로 해나가는데 원동력이 되고 있다며, 계속해서 그런 자세로 임무에 임하라는 내용이었다.

인내의 원리를 한마디로 표현한 것이 바로 '할 수 있다'는 마음가짐이다. 그런데도 많은 사람들이 그와는 반대로 쉽게 포기해버리고 마는 '할 수 없다'는 마음가짐으로 살아가고 있다. 그러나 그런 마음은 실패를 보장할 뿐이다.

주변의 성공한 사람들을 주의 깊게 관찰해보라. 그런 사람들일수록 실패에 직면해서도 인내하는 태도를 버리지 않았음을 알 수 있을 것이다. 아무리 많은 실패를 겪는다 해도 그들은 목표를 향해 인내하고 결국 원하는 바를 달성해낸다.

인내에는 중도 포기나 우유부단이 있을 수 없다. 인내는 대담하고 용감무쌍하며 두려움을 모른다. 성급하게 서두르지 않고 원하는 목표를 향해 노력을 계속한다.

쟁기는 씨앗을 심기 위해 땅을 파 일구는 데 쓰이는 기구이다. 인내는 성공을 가로막는 실패의 마음가짐을 파 일구어 성공의 씨앗을 뿌리 내리게 해주는 마음의 쟁기이다.

실패에 무릎 꿇지 말라

사람들은 겉모습에 너무 쉽게 무릎을 꿇는다. 조금만 더 인내하면 실패에서 성공으로 상황이 바뀔 수 있는 찰나에 힘없이 백기를 들곤 한다.

'인내'라는 말은 '포기하기를 거부한다'는 뜻이다. 나아가 '끈질기고 확고하게 지탱해나간다'는 뜻도 된다. 실의에 빠져서 더 이상 기대할 힘도 남아 있지 않을 때 이렇게 다짐해보자.

"나는 포기하기를 거부한다. 승리가 내 앞에 다가올 때까지 확고하고 끈질기게 버틸 것이다."

실패와 한계의 불모지를, 승리와 부의 마음가짐을 연장으로 하여 끈질기게 일구어내야 하는 것이다.

아버지가 돌아가시기 전의 일이다. 내 오랜 친구가 길에서 우연히 아버지를 만나 내 안부를 물었다고 한다. 작가 겸 목사로서 활약하고 있음을 알게 된 친구는 이런 편지를 보내왔다.

"어릴 때부터 생각하는 게 남다르더니 결국 큰 일을 하는 사람이 되었구나. 대범하게 생각하고 큰 것을 기대한다는 건 정말 중요한 것 같아. 네가 자랑스러워."

부와 성공을 현실로 만들려면, 크게 생각하고 큰 것을 기대하고 끈질기게 노력하면서 조금만 더 인내하면 된다. 어느 광고 문구처럼 "꿈을 좇는 사람만이 꿈을 잡을 수 있는 것이다."

실패는 성공의 시작이다

실패는 대개 더 큰 결과를 맺기 위해 준비중인 성공인 경우가 많다. 그러므로 더 큰 결과를 맞이하기 위해서는 고된 실패와 시련을 극복해낼 인내가 필요하다.

몇 년 동안 나는 한 잡지에 글을 기고하고 있었다. 그러던 어느 날 날벼락이 떨어졌다. 보내는 원고마다 거절을 당하는 게 아닌가. 글을 쓰기가 싫었고 이제 포기해야 한다는 생각마저 들었다. 그 실망스러운 시기에 나는 끊임없이 솟구치는 좌절감과 맞서 싸워야 했다.

그러나 몇 달 뒤부터 부의 원리를 연구하기 시작했으므로, 결국 가슴 아픈 퇴짜의 경험은 더 큰 소망을 품어야 한다는 신호가 된 셈이다. 그러니까 잡지에 글을 싣는 정도가 아니라 아예 책을 써야 할 때가 온 것이고, 쓰라린 원고 퇴짜는 더 큰 성공을 위한 시작이었다.

물론 비관적으로 생각하자고 들면 더 우울한 결론을 내릴 수도 있었다.

"잡지에 실릴 원고도 퇴짜 맞는 지경인데 책을 써낸들

어느 출판사가 받아주겠어?"

그러나 부의 사고 습관은 그 반대의 마음가짐을 갖도록 나를 부추겼다.

"원고가 퇴짜 맞은 건 목표를 더 높이라는 신호일 뿐이야."

만약 잡지사에 내 원고가 계속 받아들여졌다면 다음과 같은 다짐은 결코 하지 못했을 것이다.

"나는 포기할 것을 거부하겠어. 목표가 현실이 될 때까지 확고하게, 끈질기게 버틸 거야."

실패를 뒤집어보면 성공이라는 말이 있다. 나는 그 말을 진심으로 믿는다! 지속적인 성공은 끈질기게 '포기'를 거부함으로써 가능해진다.

어떤 난관 앞에서도 인내하라

하지만 발작적인 노력은 아무런 소용이 없다. 난관이 닥칠 때 성공을 기대하며 끈질기게 인내해야 한다. 험난한 일일수록 우유부단한 자세는 통하지 않는다.

그것은 마치 녹슨 농기구로 거친 땅을 일구려는 것과 같다. 흐리멍텅한 자세로 문제를 해결하려 한다면 진보는 있을 수 없다.

포기할 것을 끈질기게 거부해야만 아무리 험난한 일이라도 헤쳐나갈 수 있는 것이다.

있는 힘껏 달리기를 하고 나면 숨이 턱까지 차오르고 평소의 호흡만으로는 부족함을 느끼게 된다. 우리 몸이 더 많은 공기를 필요로 하기 때문이다.

마찬가지로 험난한 장애물을 만났을 때, 성공할 수 있다는 믿음을 갖고 적극적으로 인내하지 않으면 실패와 좌절의 수렁에서 헤어나올 수가 없다.

실패를 두려워하고 실패에 관해서만 이야기한다면, 실패를 막을 방법은 도저히 찾을 수가 없다.

실패와 좌절이 인내를 방해할 때마다 극한 시련에도 불구하고 성공을 거둔 인물들을 떠올려보자. 토스카니니는 심한 근시여서 연주할 때 악보조차 볼 수 없었다. 호머와 밀턴은 시각장애자였고, 월터 스콧 경은 몹시 병약했다. 베토벤은 귀머거리였고, 도스토예프스키와 모파상은 간질 환자였다. 프랭클린 D. 루스벨트는 소아마비로 다리를 쓰지 못했다.

학계와 산업계 할 것 없이 어느 분야에서든 마찬가지이다. 괄목할 만한 업적을 남긴 사람들일수록, 교육 수준과 재능보다는 엄청난 인내력을 발휘한 인물들이 많다. 그들은 결코 포기를 몰랐기 때문에 어떤 실패 앞에서도 굴복하지 않았다.

뒤를 돌아보지 말고 앞을 보라

어떤 사람한테서 어린 시절에 있었던 재미있는 경험을 들은 적이 있다. 그와 그의 아버지는 날씨가 좋은 주말이면 함께 말을 타고 시내를 돌아다녔다고 한다.

어느 화창한 주말, 첫 번째 네거리에 이르자 선거 운동을 벌이고 있는 어떤 후보가 사람들을 모아놓고 연설을 하고 있었다. 그 후보는 자기 아버지와 할아버지가 유명 정치인이기 때문에 자신이 당선자로서 가장 적합하다고 외치고 있었다. 정치 가문 출신이므로 일찍부터 자질을 연마할 수 있었다는 주장이었다.

부자가 두 번째 네거리에 이르자 그곳에서도 또 다른 후보가 한창 연설에 열을 올리고 있었다. 그 역시 자기 가문이 오랫동안 정치계에 몸담아왔기 때문에 유능한 공직자로서 훈련을 받았다고 주장했다.

그 다음 네거리에서는 색다른 연설을 하는 후보를 만날 수 있었다.

"지금까지 저희 집안에서는 정계에 나선 사람은 하나도 없습니다. 하지만 저는 이 지역 주민들을 훌륭하게 섬길 수 있다고 믿습니다. 왜냐하면 어디에 있었느냐보다는 어디로 가고 있느냐가 중요하다는 것을 알고 있기 때문입니다!"

선거에서는 마지막 후보가 당선되었다고 한다.

어디에 있었느냐 또는 과거에 무슨 일을 겪었느냐를 스스로 문제 삼지 않는다면 우리는 반드시 승리할 수 있다. 무엇을 원하는지 결정하고 그 목표를 향해 인내하는 것, 그것이 바로 우리가 할 일이다.

인내하면 못할 일이 없다

어느 누구든 인내하지 않으면 어떤 분야에서도 지속적인 성공을 거둘 수 없다.

성공을 향해 용기를 갖고 인내한다면 교육 수준이나 배경, 재능, 돈, 명예와 관계없이 반드시 성공할 수 있다. 그러므로 인내란 성공에 없어서는 안 될 필수 요소라 하겠다.

캘빈 쿨리지는 "인내는 무한한 힘을 갖고 있다"고 말했다. 실패가 인내력을 시험하려 할 때 결코 굴복해서는 안 된다. 오히려 실패와 좌절을 성공이 임박해 있다는 신호로 여기면 된다.

이렇게 우리가 실패와 좌절을 성공을 향한 열망의 자극제로 삼을 때, 그토록 염원하던 목표는 현실로 성큼 다가올 것이다.

맺음말

『부의 법칙(*The Dynamic Laws of Prosperity*)』의 집필을 마무리하던 무렵, 나는 남편을 갑자기 떠나보내야 했다. 바로 이 책을 집필하는 동안에 만나 결혼한 남편이다. 우리의 행복했던 결혼 생활은 바로 내 꿈이 현실로 이루어진 것이기도 했다.

그러던 그가 마흔 살의 나이에 심장 발작을 일으켜 내 곁을 허망하게 떠났다.

내게는 너무나 큰 충격이었다. 그런데 사람들은 가끔씩 불쑥 이렇게 묻곤 한다.

"책에 쓴 말이 모두 사실이라면, 왜 당신한테 그런 일이 일어나지요?"

인생은 계속 변화하고 우리는 그 흐름을 따라가는 수밖에 없다. 도중에 원하지도 기대하지도 않았던 돌부리에 채여 넘어진다 해도 말이다.

남편이 떠난 후에도 나는 전국 곳곳을 다니며 강연을 하고 라디오와 TV, 신문사와 인터뷰를 했다. 12권이 넘는 책을 쓰고 교회도 몇 군데 세웠다. 지금도 전부 다 받아들일 수 없을 정도로 세계 곳곳에서 강연 요청이 이어지고 있다.

최초로 부에 대해 강연했을 때 불과 50명이던 청중이 현재 미국 50개 주는 물론 전세계 50개 이상의 나라 사람들로 늘어났다.

또한 나는 캘리포니아 팜 스프링스의 팜 데저트에 정착할 무렵에는 〈후즈 후(Who's Who)〉와 〈소셜 레지스터(Social Resister)〉의 인명록에 이름이 올랐고 명예박사 학위까지 받았다.

부의 사고 습관을 가지고 일함으로써 내 인생에는 많은 변화가 일어났고 지금도 일어나고 있는 중이다.

1958년 처음 부 강좌를 열고 이 책의 집필을 준비하던 무렵, 아들과 나는 단칸방에서 살고 있었다. 몇 년 후에는 텍사스 대학 전경이 내려다보이는 아파트에서 이 책을 집필하기 시작할 수 있었다.

수십 년이 흐르고 이 책의 집필을 마친 지금, 내 인생은 또 달라져 있다. 집필실이 딸린 나의 집엔 캘리포니아 남부 특유의 이국적인 풍취가 흐르고 있으며, 키 큰 야자수와 울창한 녹지가 아름다운 조화를 이루고 있다.

어떤 사람들은 그 정도면 다른 성공자들에 비해 그저 평범한 수준이라고 말할지도 모른다.

그러나 나의 초라한 시작을 생각해보면 감사드리지 않을 수가 없다.

여기에 소개한 부의 원리들이야말로 비참한 가난과 절망에서 나를 구해냈고, 지금의 축복받은 현실을 만들어준 일등공신이다.

그 효력은 독자 여러분을 통해서도 분명히 증명될 수 있다! 현재 어떤 인생을 살고 있든지, 어떤 한계를 느끼고 있든지 간에, 꾸준히 이 원리를 연구하여 매일 적용해보기를 바란다.

의도적으로, 그리고 분명하게 부의 사고 습관을 실천해보라. 진정한 기쁨과 기대를 갖고 실천해보라. 그렇게 인내할 때 그토록 염원하던 부는 더 큰 평화와 건강, 풍요로서 다가올 것이다.

그러한 부의 결과를 기쁘게 받아들이기 바란다. 그것들은 신이 당신을 위해 마련한 신성한 유산 중 일부일 뿐이다.

이렇게 즐거운 확신에 잠긴 채, 나는 독자 여러분께 다음의 글을 인용하며 축복을 다짐하고자 한다.

"사랑하는 자여, 네 영혼이 잘됨같이 네가 범사에 잘되고 강건하기를 내가 간구하노라(요한삼서 2절)."

캐서린 폰더